**essentials**

*essentials* liefern aktuelles Wissen in konzentrierter Form. Die Essenz dessen, worauf es als „State-of-the-Art" in der gegenwärtigen Fachdiskussion oder in der Praxis ankommt. *essentials* informieren schnell, unkompliziert und verständlich

- als Einführung in ein aktuelles Thema aus Ihrem Fachgebiet
- als Einstieg in ein für Sie noch unbekanntes Themenfeld
- als Einblick, um zum Thema mitreden zu können

Die Bücher in elektronischer und gedruckter Form bringen das Fachwissen von Springerautor*innen kompakt zur Darstellung. Sie sind besonders für die Nutzung als eBook auf Tablet-PCs, eBook-Readern und Smartphones geeignet. *essentials* sind Wissensbausteine aus den Wirtschafts-, Sozial- und Geisteswissenschaften, aus Technik und Naturwissenschaften sowie aus Medizin, Psychologie und Gesundheitsberufen. Von renommierten Autor*innen aller Springer-Verlagsmarken.

Weitere Bände in der Reihe  http://www.springer.com/series/13088

Quirin Graf Adelmann · Michael Rassinger

# Der unternehmerische Entscheidungsprozess

Erfolgreich handeln und
beschließen

Quirin Graf Adelmann
Berlin, Deutschland

Michael Rassinger
Berlin, Deutschland

ISSN 2197-6708 ISSN 2197-6716 (electronic)
essentials
ISBN 978-3-658-33706-3 ISBN 978-3-658-33707-0 (eBook)
https://doi.org/10.1007/978-3-658-33707-0

Die Deutsche Nationalbibliothek verzeichnet diese Publikation in der Deutschen Nationalbibliografie; detaillierte bibliografische Daten sind im Internet über http://dnb.d-nb.de abrufbar.

Planung/Lektorat: Barbara Roscher
Springer Gabler ist ein Imprint der eingetragenen Gesellschaft Springer Fachmedien Wiesbaden GmbH und ist ein Teil von Springer Nature.
Die Anschrift der Gesellschaft ist: Abraham-Lincoln-Str. 46, 65189 Wiesbaden, Germany

# Was Sie in diesem *essential* finden können

- Grundlagen für unternehmerische Entscheidungen
- Was hinter Entscheidungen steckt
- Arten von Entscheidungen
- Angst bei Entscheidungen und Lösungsansätze

# Vorwort

In unseren Studien der Rechtswissenschaft, Betriebswirtschaftslehre und Musik haben wir gelernt, abstrakt zu denken, Sachverhalte überlegt zusammenzufassen und aus dem vorhandenen und gültigen Material logische bzw. subsumierte Interpretationen abzuleiten. Als Unternehmer stehen wir vor der Herausforderung, auf der Basis unseres Wissens und unserer Erfahrung Entscheidungen zu treffen, die sich als bestandssicher erweisen müssen. Der Erfolg eines Unternehmens hängt im großen Maße von Führungskräften ab, die Entscheidungen kompetent und zeitnah treffen können, aber auch die Verantwortung dafür übernehmen.

Dennoch gibt es unserer Meinung nach eine große Entscheidungsverdrossenheit in Wirtschaft und Politik. Menschen in Führungspositionen treffen keine Entscheidungen mehr, sitzen sie aus, treffen sie nach allgemeiner Gesinnung oder übertragen sie an andere. Warum ist die Entscheidungsfindung für viele Menschen derart schwer? Wie kann man das Selbstvertrauen von Menschen stärken und sie motivieren, Entscheidungen zu treffen, die überwiegend richtig sein werden?

In der Zeit, während der wir dieses Buch geschrieben haben, herrscht große Unsicherheit in unserer Gesellschaft. Trotzdem es uns wirtschaftlich gut geht, blicken viele Menschen – allein schon aufgrund der Corona-Pandemie und ihrer unklaren wirtschaftlichen, sozialen und gesundheitlichen Folgen – besorgt in die Zukunft. Verschiedene Medien, Experten, Politiker und Influencer beherrschen die Welt der Information und Kommunikation. Es scheint heute so zu sein, dass es ausreicht, eine Meinung zu haben und diese lauthals einer großen Menge zu verkünden. Auf Kompetenz, Wissen und Erfahrung kommt es beispielsweise in der schönen Scheinwelt der Sozialen Medien nicht mehr an. Nachrichten werden nach pädagogischen Grundsätzen aktualisiert, politische Verlässlichkeit gibt es nicht mehr. Kein Wunder, dass Entscheidungen für viele ein Problem darstellen: Wie soll man an Schlüsselstellen fundiert und faktenbasiert entscheiden, wenn aktive Minderheiten der stillen Mehrheit diktieren wollen, was man zu tun und zu lassen hat, deren Forderungen aber mittel- und langfristig keine Lösung darstellen, weil sie nicht mehr auf Information und Logik beruhen? Pseudomoral zieht sich mehr und mehr durch unsere Gesellschaft, Verantwortung wollen immer weniger Menschen übernehmen. (Mit der Übernahme von Verantwortung meinen wir übrigens nicht den Rücktritt von Ämtern und Positionen mit weichem Fall in neue Posten oder Pensionsansprüche.) Für Unternehmen kann das Gift sein, wenn nämlich notwendige unternehmerische Entscheidungen durch Rücksicht auf die eigene Karriere, Minderheiten oder den politisch opportunen Mainstream nicht mehr oder nur kompromissbehaftet getroffen werden.

Die gute Nachricht: Selbst eine falsche und engagierte Entscheidung wird besser sein als keine Entscheidung – weil sich etwas verändert und kein lähmender Stillstand eintritt. In diesem Buch versuchen wir, die Methodik, Wege und Bestandteile einer richtigen Entscheidungsfindung zu erläutern. Vielleicht hilft das, in unserer Gesellschaft wieder mehr Unternehmer zu begeistern, ein eigenes und faktenbasiertes Bild zu entwickeln und Verantwortung nicht als Last, sondern als Chance für Bildung, Innovation und Unternehmertum zu sehen.

Quirin Graf Adelmann
Michael Rassinger

# Inhaltsverzeichnis

# Grundlagen

1

## 1.1 Einführung

In der dynamischen Welt von Unternehmern ist der Entscheidungsprozess, die Durchführung und konsequente Umsetzung neben der geforderten Frequenz und Geschwindigkeit einer Entscheidung überlebenswichtig. Wir schreiben hier von Entscheidungen, die ein Unternehmer im Rahmen sich ständig ändernder äußerer Einflüsse für den Rhythmus seiner Unternehmung täglich treffen muss. Mit Unternehmern meinen wir die tragenden Säulen einer sich mit und durch Ideen und Menschen entwickelnden Gesellschaft. Im Gegensatz dazu stehen staatlich Beschäftigte, die in behördlichen Verwaltungen sitzen und im Rahmen der Gesetze eine Entscheidung treffen; sie nennen dies zwar „Entscheidung", aber dem ist nicht so.

Ein Beispiel ist der Erbfall: Gibt es ein Testament, mag der Richter es bei Meinungsverschiedenheiten unter den Erben auslegen können und „entscheiden", was der Erblasser im Sinne hatte. Gibt es kein Testament, „entscheidet" der Rechtspfleger über die Erbfolge. Dieser hat keine Wahl: Er kann nur die einzig richtige Lösung nach dem Gesetz finden, nennt es aber trotzdem „Entscheidung".

Wir treffen hier die Unterscheidung zwischen den eigentlich unternehmerischen Menschen, die Ideen haben und entwickeln, und Menschen, die wirklich produktiv und für eine Gesellschaft überlebenswichtig sind und den Antriebskern ausmachen. Ebenso wichtig ist in einer funktionierenden Gesellschaft der Staat mit seinen drei Gewalten. Wenn die Gruppe der Kernproduktion allerdings keine Entscheidungen mehr trifft bzw. abwartet, wie sich deren Umfeld entwickelt, dann wird sie – und damit eine ganze Gesellschaft – untergehen, weil in einer globalen

Welt andere schneller, besser und intelligenter sein werden. Zudem sind ohne Idee und Motor auch Verwaltung und staatliche Kontrolle nicht mehr notwendig.

Ansatzweise lässt sich das am Beispiel der gerade die Wirtschaft und Gesellschaft dominierenden[1] Corona-Krise feststellen. Hunderttausende Unternehmen sind beeinträchtigt und warten ab. Sie sind staatlich subventioniert, aber meist zögerlich bei der Umsetzung neuer Ideen. Daraus folgen Stillstand, Zunahme der Arbeitslosigkeit, Abnahme der Steuereinnahmen, Verteuerung von Produkten und Dienstleistungen und Vermögensflucht in Gold, Aktien und außerunternehmerische Immobilien. In diesem Buch analysieren wir den Entscheidungsprozess in der Balance zu inneren und äußeren Einflüssen für die unternehmerische Entscheidung und stellen andere Bereiche vergleichend daneben.

Im Gegensatz zur Legislative können Entscheidungen von Unternehmern zügig wieder verändert werden. Sie bleiben nicht wie Gesetze oder Verordnungen trotz veränderter Sachlage lange Zeit einfach bestehen. Im Gegensatz zur Judikative überholen sich Entscheidungen auch nicht durch den Zeitablauf, weil es viele Jahre braucht, bis eine Meinungsverschiedenheit entschieden ist und die Entscheidung eine Wirkung entfaltet. Oder eben auch nicht, weil sich das Problem bereits als unlösbar gelöst hat.

Die Fähigkeit und der Mut, als Unternehmer eine Entscheidung zu treffen, sollen in diesem Buch mit zahlreichen Praxisbeispielen behandelt werden. Darunter fällt auch die Beantwortung der Frage, wer die Entscheidung letztendlich trifft. Am 6. März 2020 ließ n-tv die Nachricht verbreiten „Coronavirus entscheidet über den Leitzins" (ntv Newsticker 2020). Diese Aussage mag lyrisch oder episch erscheinen, ist aber nicht haltbar. Eine Entscheidung trifft weder eine fiktive Person noch die große Unbekannte. Tatsächlich muss eine Person entscheiden. Die große Frage der Zukunft wird also sein, auf welcher Vernunftbasis künftig Entscheidungen getroffen werden: ob Minderheiten und Pseudomoral künftig über die Mehrheit entscheiden und Kleinstperspektiven und Einzelfallmoral der Menschen eine Gesamtvernunft übertrumpfen oder gar Maschinen die Entscheidungshoheit übernehmen werden.

## 1.2   Psychologie

Der Mensch beginnt als „natürliche Person" (§ 1 BGB) mit der Vollendung der Geburt und wird geschäftsfähig mit 18 Jahren (§ 2 BGB). Es gibt dazu Sprüche

---

[1] Stand: Oktober 2020.

aus alten Zeiten, etwa dem letzten Kaiserreich, dass „der Mensch beim Leutnant beginnt" (Zuckmayer 1994).

Wenn man das Körnchen Wahrheit aus dieser Aussage herausdestilliert, dann sind die wenigsten Menschen „Menschen" im Sinne der preußischen Militärmonarchie gewesen, in der die Mehrzahl der Menschen zwar Soldaten waren, aber kaum Offizier werden konnten. Das ist im Wirtschaftsleben nicht anders. Jeder nimmt quasi am Wirtschaftsleben teil; selbst der Hartz-IV-Empfänger trifft eine Kaufentscheidung, ob der Ziegenkäse von Aldi besser ist als der von Penny. Er kann aber nicht entscheiden, welche Ziegen künftig die Milch liefern dürfen.

Wie entscheidet nun der wirklich entscheidende Mensch? Er entscheidet mit dem Verstand, sollte man denken. Sigmund Freud (1856–1939) hat in seinen umfangreichen Studien erkannt, dass der Mensch aus dem „ES" und dem „ICH" besteht, das heißt, dass er seine Entscheidungen aus dem Gefühl und aus der Überlegung heraus trifft. Später hat Freud das Modell noch um das „Über-Ich" erweitert (Freud 1994).

Das Über-Ich ist das kulturelle Ideal, das dem Menschen durch Erziehung, Schule und Studium aufoktroyiert wird. Natürlich wendet sich der Mensch in einer grundlegenden Entscheidung der Subkultur zu, die ihm instinktiv liegt. Nicht jeder hat das Zeug zum Offizier. Aber wer sich der Subkultur des Militärwesens unterordnet und zu militärischen Umgangsformen neigt, der wird solche schon im Blut gehabt haben, also nach Freud in seinem „ES".

Das Freud'sche Modell hat allerdings auch seine Grenzen; bei nicht wenigen ist das Über-Ich schwach ausgeprägt, bei anderen das Denkvermögen des „ICH" gering. Ludwig von Holzschuher (1898–1973), Inhaber der Agentur Holzschuher, Bauer & Ulbricht, meinte, dass der Mensch nach dem Gefühl entscheide, was er „die Primitivperson im Menschen" nennt (Holzschuher 1949). Der Mensch bringe es in der Regel nur zum „Fühl-Denken" und nutze seinen Verstand nur, um seine nach dem Gefühl getroffenen Entscheidungen nachträglich zu rechtfertigen (z. B. „Ich musste es tun, weil …. ").

Wir wollen hoffen, dass die „entscheidenden Entscheider" ihren Verstand nicht erst zur Rechtfertigung ihrer gefühlsmäßig getroffenen Entscheidungen nutzen. Oswald Bumke (1877–1950) beschrieb „die Grenzen geistiger Gesundheit" und entdeckte die „überwertigen Ideen", die die Entscheidungen eines Menschen vom Über-Ich her beeinflussen. Otto Kernberg (*1929) (Kernberg 1983) forschte nach Persönlichkeitsstörungen: demente und hochgradig psychotische Menschen lassen wir außer Betracht. Aber: Entscheidungen werden durchaus von Neurotikern und „Borderlinern" getroffen, deren Persönlichkeitsstörung aufgrund einer geordneten Persönlichkeitsorganisation nicht auffällt oder übersehen und verdrängt wird.

Friedrich II., der seine Generale für durchaus vernünftige Köpfe hielt, verbot das Abhalten von Kriegsrat; denn zusammen würden diese Generale nur Eseleien beschließen (Koser 2015).

**Woher kommt das?**
Der Mensch sucht in Gemeinschaft die gemeinsame instinktive Grundlage; in jeder Gruppe wird instinktiv abgeklopft, wer nicht den gleichen Stallgeruch hat; und erst recht wird in der Gruppe kurzgeschlossen, ob alle der Subkultur des gleichen „Über-Ichs" verpflichtet sind. Der einzelne General wird also mehr darauf achten, dass die Kameraden seinen gleichen Stallgeruch wahrnehmen und nicht an seiner Zugehörigkeit zur selben Subkultur zweifeln. Und so kommt es, dass Gruppenentscheidungen weniger Logik und Verstand aufweisen als Manifestationen einer Subkultur und eines Herdeninstinkts sind.

Dies als Grundlagen vorausgeschickt können wir uns nun den einzelnen Entscheidungen so zuwenden, dass wir zu differenzieren wissen, ob diese auf wirklicher Denkleistung beruhen oder Ausfluss von Instinkten und Kulturreflexen sind.

## Literatur

ntv Newsticker vom 6. März 2020. https://www.n-tv.de/panorama/23-40-Apple-ruft-im-Silicon-Valley-zur-Heimarbeit-auf--article21625306.html. Zugegriffen: 13. Oktober 2020
Zuckmayer C (1994) Der Hauptmann von Köpenick, S. 49. Fischer Verlag, Frankfurt a. M.
Freud S (1944) Gesammelte Werke. Band 15: Neue Folge der Vorlesungen zur Einführung in die Psychoanalyse. Vorlesung 16: Die Zerlegung der Psychischen Persönlichkeit, S. 71. Imago, London
Holzschuher L von (1949) Praktische Psychologie, S. 388. Heering-Verlag, Seebruck
Kernberg O (1983) Borderline-Störungen und pathologischer Narzissmus. Suhrkamp-Verlag, Berlin
Koser R (2015), Friedrich der Große als Kronprinz, S. 222. TP Verone Publishing, Nikosia

# Der Hintergrund von Entscheidungen

**2**

## 2.1 Definition einer Entscheidung

▶Unter einer Entscheidung im unternehmerischen Kontext verstehen wir den **zwingenden Entschluss** für eine von zwei oder mehr **Handlungsoptionen,** die kurz-, mittel- oder langfristige **Auswirkungen** auf den Erfolg eines Unternehmens haben. Dabei unterscheiden wir zwischen passiven und aktiven Entscheidungen, also Durchführungsentschlüssen, die aufgrund äußerer Anforderung erforderlich werden (passiv) oder bereits vorher getroffen wurden (aktiv).

Eine Entscheidung ist immer zeitgebunden, wird von einer Einzelperson oder einer mehrheitsfähigen Gruppe mit Entscheidungskompetenz getroffen, kann in manchen Fällen revidiert und korrigiert werden, beendet aber Sackgassen sofort oder setzt Prozesse in Gang, die Resultate bringen und nicht umkehrbar sind. Der Entscheider übernimmt deshalb persönliche Verantwortung als handelnde Person und muss sich von Stakeholdern und Shareholdern, zumindest aber vor sich selbst, am Ergebnis messen lassen. Entscheidungen, bei denen Verantwortlichkeit intern oder extern abgewälzt wird und der Entscheider somit nicht oder nur diffus verantwortlich gemacht werden kann, lassen wir aus Unternehmenssicht nicht als solche gelten, sondern betrachten sie als aktionserzeugende Kompromisse mit nicht zuordenbarem Ergebnis.

© Der/die Autor(en), exklusiv lizenziert durch Springer Fachmedien Wiesbaden GmbH, ein Teil von Springer Nature 2021
Q. Graf Adelmann und M. Rassinger, *Der unternehmerische Entscheidungsprozess,* essentials, https://doi.org/10.1007/978-3-658-33707-0_2

## 2.2    Die Mathematik hinter Erfolg und Ergebnis

Jeden Tag müssen Entscheidungsträger auf Basis von Informationen im Rahmen ihrer Tätigkeit zwischen möglichen Alternativen entscheiden, welcher sie den Vorzug geben. Dabei ist die Herausforderung eine doppelte: zum einen die **richtigen Informationen** zu haben, zum andere diese **richtig zu gewichten**. Die Entscheidungsgrundlagen müssen innerhalb einer ökonomisch kurzen Zeitspanne aufbereitet sein. Der Mensch lebt in einer ökonomischen Welt und bildet in deren Rahmen seinerseits eigene Entscheidungen.

Entscheidungen können komplex sein, aber auch Antworten auf ganz einfache Fragen darstellen. Das Grundprinzip des Unternehmertums erlaubt dem Unternehmer, Entscheidungen entsprechend schnell zu treffen und einer Methodik zu folgen. Ist die Methodik einmal verinnerlicht, werden Fehlentscheidungen deutlich weniger. Auch zeigt sich im Zuge der Zeit, dass die Intuition für Entscheidungen durch Erfahrung gestärkt wird.

Entscheidungen über die Ausrichtung eines Unternehmens oder über die Frage zur Einstellung von Personal wirken langfristig in die Zukunft des Unternehmens. Klassische Entscheidungen beantworten fortwährend die Frage, wo der Unternehmer in fünf oder zehn Jahren stehen will. Entscheidungen basieren oft allein auf Balance zwischen Aufwand und Ertrag sowie des persönlichen Risikos des Entscheiders. Macht es beispielsweise Sinn, den Umsatz seines Ein-Gesellschafter-Handwerksunternehmens von zwei Millionen Euro auf vier Millionen Euro zu steigern, wenn dabei gleichzeitig die Fixkostenlast des Personals verdoppelt wird, der eigene Einsatz deutlich zunimmt, der Gewinn aber „nur" von 150.000 € auf 200.000 € steigt?

---

**Praxisbeispiel Autokonzern**

Nehmen wir als Beispiel einen Autokonzern: Das Urprodukt ist das Auto, der Kunde scheint also definiert. In den letzten Jahrzehnten werden Entscheidungen über Produkt, Personal und Prozesse nicht mehr allein dem produkt- und ertragsbezogenen Unternehmensbereich überlassen. Es gibt Gleichstellungsbeauftragte, Compliance-Manager, Qualitätsmanager, Personalvertretungen sowie zahlreiche andere Unternehmensabteilungen, die weder mit der Produktentwicklung noch dem Produktvertrieb etwas zu tun haben. Die richtige Balance zu finden, in der das Produkt sowie der Vertrieb des Produktes – also die Einnahmen für das Unternehmen – immer die entscheidende Rolle spielen, ist die hohe Kunst. Es wäre also fatal, wenn bis hin zur Produktdarstellung nicht mehr der Kunde entscheidet bzw. die Kundenanalysten, sondern beispielsweise die Öffentlichkeit, welche Fahrzeuge entwickelt und hergestellt werden oder wie jene Produkte beworben werden dürfen.◄

Die **Kernfragen** sind also immer nach vorne gedacht:

- Was kann dabei herauskommen?
- Welche konkreten Folgen hat eine Entscheidung voraussichtlich in der Zukunft?
- Welche Alternative ist besser als zu würfeln?

## 2.3 Schutz vor Misserfolg

Es gibt heutzutage sogenannte D&O (Directors and Officers) Versicherungen, die relativ teuer sind. Sie sollen wirtschaftlich **negative Konsequenzen von Fehlentscheidungen** subalterner Entscheidungsträger abdecken, wenn diese nicht selbst Gesellschafter mit erheblichen Anteilen sind (15 % bis 25 %). Diese Art der Vermögenshaftpflichtversicherung für Manager bei Pflichtverletzungen wurde bereits Ende des 19. Jahrhunderts eingeführt, ist in den 1930er-Jahren populär geworden und seit den 1980er-Jahren weit verbreitet (Ihlas 1997; Dose 2019). Jeder Geschäftsführer und jeder Vorstand hat nach den §§ 93, 116 AktG bzw. den §§ 277 BGB, 347 HGB seine Aufgaben mit der Sorgfalt eines ordentlichen und gewissenhaften Geschäftsleiters zu erfüllen. Im Schadenfall ersetzt die Versicherung den Vermögensschaden, der während der Versicherungsperiode in der Vergangenheit gemeldet und verursacht wurde – in der Regel bis zu drei Jahre rückwirkend, also innerhalb der gesetzlichen Verjährungsfrist. Der Anspruch kann dann abgetreten werden.

Nun könnte man glauben, dass ein Geschäftsleiter seine Entscheidungen für das Unternehmen **frei von Angst** um die persönliche Haftung treffen könne. Eine Fehlentscheidung bzw. die Folgeschäden einer solchen sind schließlich versichert. Natürlich darf der Unternehmensleiter nicht vorsätzlich Fehlentscheidungen treffen (Ausschlussklausel bei wissentlicher Pflichtverletzung); weiterhin muss dem Entscheidungsträger – ähnlich wie bei einem Haftpflichtfall im Straßenverkehrsrecht – ein pflichtwidriges Verhalten nachgewiesen werden können. Das bedeutet, dass der Entscheidungsträger mindestens dokumentieren muss, dass trotz Schadeneintritts die Entscheidung zum entsprechenden Zeitpunkt als vermeintlich richtig erschien.

Seit 2009 gibt es das VorstAG (Gesetz zur Angemessenheit der Vorstandsvergütung), welches die **persönliche Haftung des Vorstands** für einen verursachten

Schaden in Höhe von 10 % der Schadensumme bzw. 1,5 Jahresgehältern vor-
sieht. Aber auch hier gibt es trotz der zunehmenden Inhaftungnahmen neue
Absicherungsversicherungen für die Vorstände: mangelnde Kenntnis und Eignung
eines Geschäftsleiters führen nicht zur Haftungsfreiheit der Versicherung. Da fragt
sich natürlich, wer das beurteilen will: ein Gericht oder sogenannte Sachverständige? Und wird dem belasteten Unternehmen der entstandene Schaden rechtzeitig
ersetzt?

## Praxisbeispiel Eigentumswohnung

Es gibt Rechtsanwälte, bei denen der Glaube vorherrscht, dass man sich
mit Verträgen „schützen" könne. Als ein Notar bei der Beurkundung eines
Kaufvertrags vor Fertigstellung einer Eigentumswohnung möglichst viele
hypothetische Pannen beleuchten und regeln wollte, belehrte er den Vertrags-
entwurf auf rund 50 Seiten. Die Frage war, ob man den 50-seitigen Vertrag des
Notars A als rechtlichen Schutz versteht oder sich nicht gleich mit einem 23-
seitigen Vertrag von Notar B begnügt. Bei einem 50-seitigen „Schutz" fragt
man sich, ob der Berater überhaupt berechnet hat, wieviel Zeit und Geld
es kostet, solche Verträge zu lesen. Nicht nur, dass der Verkäufer hier viele
Stunden einplanen muss, um mit dem Notar oder Anwalt jede Eventualität
zu besprechen, zu erfassen und zu formulieren. Offen ist auch, ob ein Richter bei Entdecken einer Vertragsregelungslücke davon überzeugt werden kann,
dass die Lücke nur besteht, weil man nicht an einem solchen Fall gedacht
hatte und dass der fehlende Punkt nicht wissentlich ausgelassen wurde, um
den Vertragspartner einseitig zu belasten.

Nein, hier geht es in der Realität auch darum einzukalkulieren, dass das
Vorlesen eines Vertrages beim Notar schon die doppelte Zeit benötigt. Denn 50
Seiten lassen sich ohne Vorbereitung, Gegenfrage(n) und Erläuterung(en) beim
Notar nicht unter vier Stunden beurkunden. Bei 100 Verträgen benötigt man
also 200 h Arbeitszeit mehr als würde man den üblichen Formularvertrag pro-
tokollieren lassen. Was hätte man davon? Eines ist sicher: in diesem Beispiel
jedenfalls keine Rechtssicherheit, denn die braucht man nicht, wenn sich der
Streit erst in vier Jahren entscheidet, während der Vertragsgegenstand inzwischen erstellt worden ist. So kann man über die Bedingungen einer Übergabe
jahrelang streiten. Wenn man real nicht in die Wohnung kommt, hilft der rechtliche „Erfolg" nicht. Auch hilft es nicht, wenn man nicht als Eigentümer im
Grundbuch eingetragen ist, weil die Schlussrate aufgrund von Mängeln redu-
ziert werden soll. Dann kann man die Wohnung auch nicht weiterverkaufen,
weil im Grundbuch der Eigentumswechsel nicht vollzogen wurde und man

auch keinen steuerfreien Verkauf hinbekommt. Dazu muss der Eigennutzer zwei Jahre als Eigentümer in der Wohnung gelebt haben.◄

Es gibt also keinen sicheren Schutz vor der Realität. Es mag sein, dass komplizierte Verträge nur aufwendig über mehrere Instanzen und durch viele Sachverständige irgendwann entschieden werden. Die Länge eines Rechtsstreits hilft kaum, die Zuordnung der inhaltlichen Verantwortung und die einer Fehlentscheidung zuweisen zu können, weil der Zeitablauf zu bedeutend ist. Man überlege sich deshalb genau, ob mit Schutz vor einer Fehlentscheidung der persönliche Schutz des Entscheiders gemeint ist oder aber der Schutz des Unternehmens oder eines Projektes. Hier bestehen dann doch erhebliche Unterschiede.

## 2.4 Der Entscheidungsprozess

Der Entscheidungsprozess ist im Laufe der Jahre immer wieder festgelegt und genormt worden. Heute gibt es kaum Entscheider, die ohne Zustimmung der eigenen Rechtsanwälte, Steuerberater, Abteilungsleiter, Gremien und Unternehmensberater auskommen. Nicht die digitale Transformation oder künstliche Intelligenz führen zu Entscheidungen, sondern **ISO-Zertifizierungen und Konzerngepflogenheiten.** Nach außen stimmt zwar die Form, aber ob der genormte Ablauf zur richtigen Entscheidung führt und auch in angemessener Bearbeitungszeit getroffen wird, bleibt offen. Zwar sind die Möglichkeiten, sich zu informieren, deutlich mehr geworden, doch ist gerade in der Bundesrepublik und bei jungen Menschen zu bemerken, dass Entscheidungen gerne der Verantwortung Dritter überlassen werden. In keinem anderen europäischen Land sind die Ausgaben für die hierzulande rund 124.000 Unternehmensberater in 20.000 Gesellschaften (Statista 2020) höher, die Befragungsquote an Anwälten bedeutsamer und die Verlagerung auf Steuerberater intensiver (Staufenbiel Institut, Lünendonk & Hossenfelder GmbH 2019). Man denke hier exemplarisch an den Dieselskandal bei Volkswagen, der sicherlich nicht vom Vorstandsvorsitzenden selbst, sondern durch einen **formal richtigen Prozess** verursacht wurde, obwohl die täuschende Software inhaltlich jedem Einzelentscheider hätte klar sein müssen. Beteiligungen und Verfahrensregeln führen folglich nicht automatisch und sicher zu richtigen Entscheidungen.

**Praxisbeispiel Verwaltung**

Bevor ein General der Bundeswehr über die fristlose Entlassung eines Soldaten oder über einen ausdrücklichen Hinweis (arbeitsrechtlich Abmahnung genannt) entscheidet und er den Bescheid unterschreibt, haben weitere neun (!) Personen zur Entscheidung beigetragen. Vom Sachbearbeiter bis zum Rechtsberater des Generals durchläuft der Bescheid-Entwurf insgesamt neun Stationen. Die Frage steht im Raum, weshalb bei nur drei bis vier relevanten Stellen mit eigenen Beiträgen dennoch die Unterschriftenstempel von zehn Personen abverlangt werden. Die Antwort ist klar: am Ende trägt offenbar keine Person mehr als 10 % Verantwortung. Das ist also die Bundeswehr. Ob die Entscheidung letztendlich richtig ist oder nicht, kann man nicht immer vorhersagen. Die Erstentscheidung des Sachbearbeiters wird nach der ersten abgehakten Unterschrift aber nicht mehr umgeworfen. Der Prozess nimmt also seinen blinden Lauf.◄

**Praxisbeispiel Arbeitsagentur**

Als die Behördenbezeichnung „Arbeitsamt" wirtschaftlich moderner und weniger autoritär werden sollte, um den vielen Arbeitslosen Ende der 1990er-Jahre die Scham vor der Arbeitslosigkeit zu nehmen, beauftragte das Bundesarbeitsministerium die Roland Berger GmbH. Diese beschäftigte ihrerseits in den Anfangsjahren des neuen Jahrtausends mehr als 1700 Mitarbeiter/innen und setzte mehr als eine halbe Milliarde Euro jährlich um. Obwohl das Ministerium selbst rund 3000 gut in Betriebswirtschaft und Marketing ausgebildete Mitarbeiter beschäftigt, kam die Agentur für Arbeit auf ein Auftragsvolumen von 60 Mio. € an Roland Berger. Auch hier stellt sich die Frage, weshalb Externe interne Aufgaben erfüllen: weil im Falle der Fehlentscheidung nicht der Entscheidungsträger entlassen wird, sondern ein anderer die Entscheidung verantwortet, der dann nicht mehr greifbar ist. Die Verantwortungszuordnung beschränkt sich also auf die Auswahl der Unternehmensberatung. Diese Mentalität der Verantwortungsweitergabe aus Furcht vor den Konsequenzen einer Fehlentscheidung ist bis heute bei Behörden, inzwischen aber auch in Konzernen weit verbreitet. Der Mensch verzichtet auf die eigene Kompetenz, Entscheidungen zu treffen. Die Folgen bei den Kunden sind damit noch nicht erfasst. Die Rechtfertigungsmöglichkeit scheint hier Vorrang zu haben vor der eigenen Logik einer Entscheidung.◄

**Praxisbeispiel Chemotherapie**

Irgendjemand muss die Entscheidung treffen. Nehmen wir an, wir müssen uns als Arzt entscheiden, welches Krebsmedikament ein Patient unter der Maßgabe bekommt, dass nur eine Entscheidung möglich ist, weil der Patient nur eine Behandlung körperlich überlebt. Zwar hat das Gesundheitssystem Leitlinien zur Behandlung von Patienten entwickelt, bei denen Entscheidungen über die passende Leitlinie einfachen Mehrheitsprinzipien unterliegen. Dennoch hat sich die Technologie schneller entwickelt als jene Leitlinien. Man spricht heute von personalisierter Medizin. Bisher hatte man in Kohorten-Daten ermittelt, welche Medikation bei sogenannten Chemotherapien in Kohorten relevant geholfen haben. Das bedeutet aber gerade nicht, dass es jedem Individuum helfen wird. Inzwischen besteht die Möglichkeit, durch neue Technologie einem Patienten individualisiert zu helfen, weil man etwa die Wirkstoffe nach den Besonderheiten des konkreten Stoffwechsels, der Immunologie sowie des Mutationsstadiums des Tumors des Patienten anpasst, was durch das Testen von Medikamenten, Medikamentenkombinationen und Dosierungen außerhalb von starren Leitlinien zu besseren Entscheidungen führt. Es muss aber jemand die Verantwortung mit der Konsequenz übernehmen, eventuell nicht erfolgreich zu sein. Dieses Dilemma skizziert auch das Bild zu unerwarteten Entscheidungshürden im allgemeinen Unternehmertum. Denn eine Fehlentscheidung (damit ist der Misserfolg gemeint) kann alternativlos gewesen sein – nur kann die alternative Entscheidung im Nachgang nicht mehr getroffen und parallel versucht werden. Deshalb wird neuerdings Verantwortung am Computer sozusagen anonymisiert abgegeben, worauf wir im Verlauf dieses Essentials (Abschn. 5.3) noch zurückkommen.◄

**Fazit** Nicht der vorgegebene Prozess und eine Struktur allein oder die Übung sichern das Ergebnis ab, sondern zunächst immer Information und Inhalt. Der Unternehmenskern muss dabei im Vordergrund stehen.

## 2.5   Der Entscheider: die Mitnahme des Umfeldes

Grundsätzlich muss sich der Entscheider selbst fragen, ob das Treffen von Entscheidungen zu seinem Naturell gehört. Außerdem muss sich der Entscheider analytisch und selbst hinterfragen, ob er zu einer falschen Entscheidung stehen kann. Seine Natur lässt **Stärken und Schwächen** ermitteln und in diesem Zusammenhang auch Vorkehrungen treffen, Schwächen durch Struktur abzufangen und sich auf seine Stärken zu konzentrieren (siehe auch Abschn. 7.1). Diese Grundeinstellung bzw. Grundausrichtung des Entscheiders auf seine Natur lässt die Umwelt und die Informationen zur Entscheidungsfindung besser bzw. präziser erarbeiten und auswerten und sorgt außerdem dafür, sich selbst bei den eigenen Stärken nicht von Dritten abweichen oder aufweichen zu lassen.

Der Unternehmer verliert sonst mehr und mehr die Fähigkeit, **Entscheidungen selbst(sicher) zu treffen.** Umgekehrt lässt man den Menschen bereits in der Ein-Kind-Erziehung glauben, dass das Kind ganz besondere Fähigkeiten habe und Dinge könne, die sonst niemand auf dieser Welt (so gut) kann wie das Kind selbst. Das soziale Umfeld erzeugt überdies den Eindruck, dass Entscheidungen quasi demokratisch getroffen werden müssen. Nun muss aber doch der- oder diejenige, die Verantwortung für die Gesellschafter und die Mitarbeiter bzw. die Idee haben, auch selbst entscheiden können. Natürlich gibt es Mitbestimmungsrechte der Betriebsräte. Aber letztlich müssen auch Konsequenzen gezogen werden, wenn eine Entscheidung falsch war oder die Umsetzung nicht funktionierte: das ist persönliche Verantwortung.

Nun ist es gerade in Mode gekommen, Führungsduos **Entscheidungen in Kompromissen** ermitteln zu lassen. Bei größeren Unternehmen sollen Quoten dazu zwingen, die Besetzung der Stellen nach Geschlecht vorzunehmen. Selbst im Ausbildungsprozess sollen inzwischen (siehe auch die Frauenförderverordnung Berlin) Mädchen ausdrücklich bevorzugt behandelt werden, wenn sich gleichgeeignete Bewerber für eine Stelle bewerben. Das dürfte nicht nur dem Gleichheitsgrundsatz der Verfassung entgegenstehen, sondern vor allem der Vernunft. Für den Unternehmer kommt es darauf an, dass er das bestmögliche Team zusammenstellen darf, welches Entscheidungen in der Sache bearbeiten und durchführen kann. Das Unternehmen muss auch Personen zusammenarbeiten lassen, die menschlich miteinander auskommen. Regulierung führt logischerweise zur Abschwächung der Entscheidungsqualität. Denn wenn der/die Bessere zurückstehen muss, weil eine Quote einzuhalten ist, dann bekommt man logischerweise nicht die bestmöglichen Grundlagen zur Erarbeitung der täglichen Aufgaben eines Unternehmens.

Natürlich trägt ein Unternehmen auch eine soziale Verantwortung und jeder Mensch muss von Geburt an die gleiche Chance erhalten, sich zu bilden, nach seinen Stärken zu entwickeln und dann auch Arbeit zu finden, gerecht bezahlt zu werden oder Unternehmen zu gründen und zu führen. Aber die **Bestandssicherung** eines Unternehmens, die Entwicklung einer Idee muss immer frei angetrieben sein von der inhaltlichen Qualität eines Menschen und gerade nicht nach aktueller politischer Lage, Verordnungen zu Quoten oder sonstiger Wetterlage. Die erste Verantwortung eines Unternehmers ist die Sicherung der Mitarbeiter/innen und Idee. Er/Sie muss jeden Tag dafür Bestleistung geben und das Potenzial voll ausschöpfen (nicht Geld oder Ertrag, sondern Entwicklung und Verbesserung).

Kaum vorstellbar wäre doch, wenn man als privater Kindergartenbetreiber einer sehr guten Kandidatin mitteilen müsste: „Liebe Frau X, Sie wären die ideale Mitarbeiterin für unser Team; leider müssen wir vor Ihnen noch einen Mann einstellen." Die Kernleistung, die pädagogische Betreuung der Kinder, der Aufbau eines guten Rufes zur Auslastungssicherheit und damit die dauerhafte Existenzsicherung wären beeinträchtigt, wenn man nach Quote einstellen müsste und nicht immer den/die Beste/n für die Kinder auswählen dürfte.

## 2.6 Verantwortungsübergabe zum Entscheidungsträger

Bei einem größer werdenden Unternehmen müssen die Entscheidungen auch von anderen als dem Unternehmer getroffen werden können. Die Delegationsfähigkeit eines Unternehmers ermöglicht erst, dass sein Unternehmen wächst und er außerdem Zeit für **Denkphasen** hat. Letztere braucht jeder Unternehmer, um kreativ über die Entwicklung zu sinnieren, anstatt ein im operativen Geschäft Getriebener zu sein. John Davison Rockefeller (1839–1937) sagte einmal, dass es besser sei, eine Stunde über sein Geld nachzudenken als eine Stunde für sein Geld zu arbeiten (FAZ 2009). Ähnliches kann man auch zum Unternehmer sagen: besser einen Tag über Entscheidungen nachdenken als einen Monat operativ voll eingebunden zu sein. Deshalb muss der Unternehmer sich frei delegieren können.

Insofern müssen Entscheidungen auch von der zweiten Ebene entweder nach der eigenen Philosophie selbst getroffen oder umgesetzt werden. Vom Führungsteam bis hin zu jedem Mitarbeiter auch ohne Entscheidungsverantwortung kann transparent klargestellt werden, weshalb einzelne oder grundsätzliche Entscheidungen nötig sind, um eine Umsetzung zu erleichtern. Dabei ist es wichtig, dass die Menschen verstehen, warum bestimmte Entscheidungen getroffen werden, damit sich diese damit identifizieren. Viele Unternehmen erklären nicht transparent, weshalb und wie Entscheidungsprozesse aufgebaut sind und verlaufen.

**Praxisbeispiel Kfz-Betrieb**

Im Beispiel der Autowerkstatt in Berlin-Mitte aus dem Buch „Bewertung, Kauf und Optimierung von Unternehmen" (Adelmann und Rassinger 2020) werden Fahrzeugreinigungen innen und außen in bester Qualität für 49 € brutto angeboten. Vergleichbare Fahrzeugwäschen kosten in Berlin bis hin zum doppelten Preis. Insofern fühlt sich der Fahrzeugpfleger, der für ein Fahrzeug durchschnittlich gut 35 min benötigt, unterbewertet. Der Mitarbeiter an der Kundenannahme ist demotiviert, wenn jemand eine Fahrzeugwäsche anmeldet (was gut 25-mal täglich passiert), da man mit diesen Wäschen ohnehin kein Geld verdient. Die Kette der langsamen und möglicherweise nicht perfekten Fahrzeugwäschen wäre sehr lang, würden nicht alle im Team wissen, dass diese Fahrzeugwäschen die Basis aller Einnahmen dieser Autowerkstatt sind. Denn 80 % der Kunden nutzen ein Leasingfahrzeug der bekannten Premiummarken und glauben, dass sie ihre Fahrzeuge bei Wartung, Reparatur und Unfallinstandsetzung zu den Markenwerkstätten bringen müssen. Dem ist seit der Gruppenfreistellungsverordnung von 2003 nicht so. Das zu erklären und gleichzeitig die Qualität und Sorgfalt einer Werkstatt zu zeigen, funktioniert nur dann, wenn der Kunde in die Autowerkstatt kommt. Das einzige Akquisitionsvehikel sind folglich besagte Autowäschen, die der Kunde aufgrund des niedrigen Preises einfach buchen muss. Das wissen im konkreten Beispiel alle im Team und setzen die Leistung von Annahme bis Herausgabe des Fahrzeugs entsprechend um – die besagte Autowerkstatt wächst seit fast einem Jahrzehnt stetig in Umsatz und Ertrag, seit diese Konzeptumstellung vorgenommen wurde. Ein Unternehmer-Diktat würde hier also bei der Umsetzung nicht helfen.◄

Schwieriger, als den Umsetzungsprozess und deren Nachverfolgung zu gestalten, ist, wenn die grundlegende Entscheidung delegiert werden muss. Der Entscheider muss dann die grundlegenden Prinzipien verstehen, die das Unternehmen verfolgt und die Ziele kennen, die Vorrang haben. Ein gutes Beispiel hierfür ist der Bereich der Start-ups: Gründer werden mit Finanzmitteln ausgestattet, Start-ups unter einem Dach aufgenommen, wenn diese Ideen entwickeln, die die Welt verbessern. Hier wissen die Entscheider, dass bestimmte Kriterien zum Ausschluss der Finanzierung oder Beteiligung führen. Im nachfolgenden Beispiel kamen mehrere Start-Up-Unternehmer mit Liquiditätsproblemen auf die Entscheider zu. So benötigte ein Logistik-Start-up, das die Nachverfolgung der Sendung auf der letzten Meile zum Kunden präzise und flexibel zum Auslieferort takten wollte, ebenso wie ein Start-Up, das die Gesundheitsdaten der Patienten zusammenfassend auswerten wollte, liquide Mittel.

Start-ups entwickeln Ideen oder Produkte und benötigen zur Finanzierung der Entwicklung vor allem Geld für Personal – bei Hardware-Start-ups auch Geldmittel, um ein Produkt zu bauen. Diese Mittel betragen in der Regel mehr als 50.000 € pro Monat, und das schon in der ersten Phase zu Beginn der Entwicklung, weil mindestens vier Mitarbeiter benötigt werden: Backend- und Frontend-Entwickler, Produktentwickler, Vertrieb. Der finanzielle Gap zwischen benötigtem Kapitalbedarf und Umsatz ist dann die so genannte **Burn-rate** – eine monatliche rote Zahl. In einer zweiten Phase nach etwa ein bis zwei Jahren bewerten diese Start-ups sich selbst – meist im Hinblick auf einen Zeitstrahl von sieben bis elf Jahren und der Annahme, dass ab dem Zeitpunkt X die Idee und das Produkt Abnehmer hat und Umsatz erzielt. Viele Start-ups bewerten sich dabei viel zu hoch (siehe auch „Bewertung, Kauf und Optimierung von Unternehmen" Adelmann und Rassinger 2020).

Nun begleitet eine Investment-Gesellschaft des Hauptautoren Start-ups bei deren Entwicklung als sogenannter Seed-Investor und steigt nie ein, wenn die Gründer Geld für ihre Anteile wollen und/oder wenn das Produkt keine gesellschaftliche oder wirtschaftliche Auswirkung hat. Diese grundlegenden Entscheidungen helfen, denn der Entscheider kann nun in jenem Rahmen allerlei Zusagen machen, darunter beispielsweise die Fortfinanzierung und Entwicklung durch die Bereitstellung von Finanzmitteln, oder die Prüfung sofort ablehnen. Außerdem steigt das Unternehmen nie in ein Start-up ein, ohne in der Regel weniger als 25 % der Anteile zu bekommen. Das sind festgelegte **Grundprinzipien** des Unternehmens und dienen damit auch den weiteren Führungspersonen als Grundlage, selbst Entscheidungen über eine Beteiligung zu treffen, ohne dass die ersten Phasen einzeln abgestimmt werden müssen.

Beide genannten Beispiele endeten negativ: Das Logistik-Unternehmen konnte keinen Prüfungseinstieg erreichen, da sich keine konkrete Auswirkung des Produkts erkennen ließ. Beim zweiten Unternehmen erfolgte kein Einstieg, da hier bei überhöhter Bewertung lediglich 5 % der Anteile hätten erworben werden können.

**Fazit**  Die Struktur eines Unternehmens zur Vereinfachung der Entscheidungsfindung muss festgelegt sein. Für die erfolgreiche Umsetzung ist ausschlaggebend, dass kontextuelle Transparenz im Unternehmen herrscht. Der Unternehmer muss lernen, Aufgaben zu delegieren.

## Literatur

Ihlas H (1997) D&O. Directors and Officers Liability, S. 35–38. Duncker & Humblot, Berlin

Dose M (2019) Aktionärsklage, D&O-Versicherung und Vorstandshandeln, S. 113. Gabler Verlag, Heidelberg

Staufenbiel Institut, Lünendonk & Hossenfelder GmbH (2019) Top 15: Lünendonk-Ranking der Unternehmensberatungen. https://www.staufenbiel.de/magazin/jobsuche/arb eitgeber-rankings/top-15-luenendonk-ranking-der-unternehmensberatungen.html. Zugegriffen: 14.10.2020

FAZ (2009) Besser sparen: Wer früh beginnt, gewinnt. https://www.faz.net/aktuell/besser-spa ren-wer-frueh-beginnt-gewinnt-11400591.html. Zugegriffen: 14.10.2020

Adelmann Q, Rassinger M (2020) Bewertung, Kauf und Optimierung von Unternehmen. Gabler Verlag, Heidelberg

Statista (2020) Anzahl der Unternehmensberater in Deutschland von 2008 bis 2018. https://de.statista.com/statistik/daten/studie/261280/umfrage/anzahl-der-unternehmensberater-in-deutschland/. Zugegriffen: 15.10.2020

# Entscheidungen im Kontext des Unternehmenszwecks

## 3.1 Personas

Inhaltlich relevant für jede Maßnahme, die ein Unternehmer zuallererst betrachten muss, sind die Käufer oder Nutzer des unternehmerischen Produktes. Hierauf ausgerichtet und konzentriert hat der Unternehmer seine Entscheidung primär auszurichten (Besonderheiten sind im Abschnitt „Innovation" zu finden). Es gilt also, diese Fragen rund um die Aktivitäten, mit denen das Unternehmen nach außen wirkt, eindeutig und klar zu beantworten. Wenn es beispielsweise darum geht, wie man die Webseite oder den Imagefilm des Unternehmens für sein Produkt gestaltet, dann muss vorab klar sein, wen man damit erreichen will. Ein gutes Beispiel hierfür ist die Entscheidungsoptimierung zur Ausrichtung der Firma citkar aus dem Portfolio des Hauptautoren.

### Praxisbeispiel citkar

Bei Start-ups ist eine entsprechende Entscheidung einfacher zu fällen, weil der Unternehmer jederzeit im Zugzwang ist, etwas tun zu müssen, denn die Zeit läuft. Jeder Entwicklungsmonat kostet die erwähnte Burn-rate, verursacht also insbesondere Personalkosten ohne Einnahmen. Der Unternehmer ist folglich gezwungen, Entscheidungen zügig zu treffen. citkar stellt elektrische Lastenräder her, die Güter transportieren können. Die letzte Meile des Warentransports kann in urbanen Regionen mit dem vierrädrigen Lastenfahrrad überwunden werden – eine nachhaltige, schnelle und für staubelastete Städte vorteilhafte Logistiklösung. Die unmittelbar zu Beginn entscheidende Frage, die sich dieser Unternehmer stellen musste, war aber: **Wer bezahlt für das Produkt, also: Wer ist mein Kunde?**

© Der/die Autor(en), exklusiv lizenziert durch Springer Fachmedien Wiesbaden GmbH, ein Teil von Springer Nature 2021
Q. Graf Adelmann und M. Rassinger, *Der unternehmerische Entscheidungsprozess*, essentials, https://doi.org/10.1007/978-3-658-33707-0_3

In den ersten Entwürfen für Vertrieb und Marketing hatte der Abteilungsleiter dafür gesorgt, dass möglichst jeder Fahrradverband, Umweltverband sowie Stadt & Land von der guten Intention der Firma citkar erfuhren. Auf Social-Media-Kanälen wurde den Followern, die zu einem großen Teil aus überzeugten Fahrradfahrern bestehen, optimistisch der jeweilige Entwicklungsstand mitgeteilt. Es ging soweit, dass Zeitungen von 2000 Vorbestellungen sprachen und das Start-up kurzzeitig einen Hype erfuhr. Die Ressourcen wurden jedoch vorrangig genutzt, um ein neues Produkt und sich selbst zu feiern. Die Website sollte ein Kommunikationsportal für alle sein, die die gleiche Meinung zur Radlogistik teilten, um den Erfolg zu multiplizieren. Einladungen zu Vorträgen wurden angenommen, Messen organisiert und der Vertrieb beschäftigte sich mit Einzelkundenbestellungen aus ganz Deutschland. Die entscheidende Frage blieb aber offen: **Wer ist mein Kunde?**

Bei citkar wäre es schon zum Zeitpunkt der Gründung einfach gewesen: Kunden sind all jene, die eine Ware auf der letzten Meile zum Kunden transportieren müssen, unter logistischen Problemen durch Stau und Parkplatznot leiden und sich rund 10.000 € für ein solches Lastenfahrrad leisten können. Demzufolge ist alles im Bereich Vertrieb und Marketing beendet worden, was nicht diesem Ziel sowie den zeitlichen Ressourcen des Teams entsprach. Die Website spricht nun Gewerbetreibende wie Handwerksbetriebe, Konzerne mit großen Betriebsgeländen, Firmen mit Servicefahrzeugen und Unternehmen wie die Post an. Zusätzlich betrachtet man den Wettbewerb: Womit transportiert der Zielkunde heute, zu welchen Konditionen (Leasing, Miete, Kauf) und welche Vorteile zwischen Kleintransporter und Lastenrad lassen sich als USP herausstellen. Am Ende kann man immer noch sagen, dass man die Welt verbessert hat – nur gibt es jetzt auch wirkliche Nutzer. Man muss eben auch in der Lage sein, eine Kampagne sterben zu lassen, wenn sie offensichtlich nicht die richtigen Kunden anspricht.◄

Ähnlich verhält es sich mit dem E-Brief der Deutschen Post. Die Deutsche Post entwickelt seit einem Jahrzehnt mit erheblichen Finanzmitteln die Idee des E-Briefes. Heute schreiben die Menschen aber E-Mails und können auch diese mit spezieller Software signieren. Der E-Brief als Ersatzprodukt für das Einschreiben findet schlichtweg keinen Kundenkreis mit Bedarf. Warum die Deutsche Post dessen Entwicklung nicht längst eingestellt hat, verwundert.

Es gilt bei allem, was der Unternehmer machen will oder muss, immer die Frage zu beantworten, wer sein Kunde ist oder ob es überhaupt einen Kunden für das Produkt gibt. Man muss sich mit dem Kunden beschäftigten und ihn befragen.

Keine Entscheidung wird „richtig" sein, wenn man den Kunden bzw. den Nutzer nicht kennt.

**Praxisbeispiel GovTech**

In einem weiteren Beispiel entwickelten junge Unternehmer ein GovTech-Produkt, das die Welt verbessern sollte: öffentliche Haushaltsausgaben von Städten und Gemeinden sollten transparent für den Bürger zugänglich sein, damit jeder weiß, was mit Haushaltsmitteln wie finanziert wird. Niemand hatte sich bisher mit dem Kunden, nämlich Städten und Gemeinden unterhalten, um deren Sichtweisen, aber auch deren Bedarf zu ermitteln. Immerhin funktioniert der Zugang zu Daten nur über die Städte und Gemeinden, die Rechnung zahlt ebenfalls die Stadt oder Gemeinde. Ein gutes Jahr der Entwicklung und Entscheidungen waren auf das Thema Transparenz und Weltverbesserung für den Bürger gerichtet. Tatsächlich stand am Ende wieder die Frage: **Wer ist mein Kunde?**

Zahlende sind die Städte und Gemeinden. Nach Auswechslung des Gründerteams wurde das Start-up nun darauf ausgerichtet, welchen Auswertungsbedarf ein Bürgermeister, ein Kämmerer oder der Gemeinderat hat und das Produkt allein hierauf ausgerichtet, entwickelt und angewendet. Am Ende steht dennoch der Impact: die Transparenz der Ausgaben von Städten und Gemeinden und die Grundlage für Städte und Gemeinden, richtige Entscheidungen schnell und sicher treffen zu können.◄

Es geht für Unternehmen auch darum zu ermitteln, wer der spätere Kunde sein könnte. Bestandskunden werden älter und verändern sich. Bei Facebook war der klassische Nutzer noch um die 20 bis 30 Jahre alt, als das Portal 2004 entwickelt wurde. Heute ist der Nutzer noch immer derselbe – nur eben 35 bis 45 Jahre alt. Wenn Facebook also nicht schleichend absterben will, muss es auch die Personas ermitteln, die in der Zukunft das Produkt nutzen sollen.

In einem anderen Beispiel wollte ein Start-Up Entwicklungsgeld für die Entwicklung berührungslosen Zahlungsverkehrs in der Gastronomie anwerben. Die Restaurants sollten die monatlichen Gebühren der Software bezahlen. Doch welchen Mehrwert hat der zahlende Gastronom? Wenn ihm keine neuen Gäste erschlossen werden, scheitert das Vorhaben schon beim Live-Gang. Außerdem bietet ein Großteil der Gastronomie bereits berührungslose Bezahlung an, was durch Covid-19 noch befeuert wurde. Warum also in Konkurrenz zu etablierten und großen Playern treten, wenn das Produkt keinerlei Mehrwert für den Gastronomen bietet und Start-ups wie Yapital (Klotz 2015) bereits grandios gescheitert waren? Entscheidung: kein Investment.

## 3.2    Geschwindigkeit, Timing und Frequenz einer Entscheidung

Im Gegensatz zu Start-ups, bei denen Entscheidungen sehr schnell getroffen werden müssen, weil das Geld genauso schnell ausgeht, haben gestandene Unternehmer ein etabliertes Geschäft; also Produkt, Kunden, Personal und Cashflow (Abb. 3.1). Bei Start-ups kann man sich umgekehrt eher Fehler erlauben. Die Führung sagt in den ersten zwei bis drei Jahren gerne zu allem „ja", weil man

**Abb. 3.1** Faktoren hinter einem Produkt in einem etablierten Unternehmen. (Quelle: Quirin Graf Adelmann)

nur so breit und schnell genug in den Markt kommt und sich erst dort zunehmend fokussiert. Deshalb sagen erfahrene Unternehmen wie auch Start-ups nach drei Jahren wieder öfter „nein". Man weiß inzwischen ganz gut, was funktioniert und was nicht funktioniert. Dennoch leiden Unternehmer immer öfter an abnehmender Entscheidungsfreudigkeit. Letztlich sind Entscheidungen auch mit einem Rückblick auf einige Jahre und mit Konzentration auf künftige Kunden und aufkommende bzw. veränderte Märkte laufend auszurichten. Auch sollten Entscheidungen nicht laufend revidiert werden, um neue Zweifel an der Verlässlichkeit aufkommen zu lassen. Banken beispielsweise haben seit der Finanzkrise zu oft ihre Geschäftsmodelle angepasst und doch wieder verändert.

Ein wunderbares Beispiel hierfür stellt die Dresdner Bank dar. Diese hat in den 2000er-Jahren ihre Kreditvergaberegeln nach Einstieg der Allianz AG 2001, aber auch im Zuge der 2004 eingeführten Basel II-Standards verschärft. Die Allianz erhoffte sich durch den Einstieg bei der Dresdner Bank den Zugriff auf neue Versicherungskunden und möglicherweise auch auf eine lange Bindung zu den Kunden in Kombination Kredit und Versicherung, wie es auch andere Banken, darunter die Citibank (später Targobank), sehr intensiv betrieben haben. Bestimmte Branchen sollten keine Kredite mehr erhalten. Alle anderen Mittelständler erhielten nur dann Kredite, wenn sie Sicherheiten in Kredithöhe vorweisen konnten, was den Mittelstand schwer belastet hat. Politisch fragt man sich hier heute noch: wer war der Kunde oder sollte es werden? Allgemein haben sich Banken seit Beginn des neuen Jahrtausends immer mehr auf eigene Investment-Geschäfte fokussiert, anstatt ihrer Kernaufgabe nachzukommen: der Kreditvergabe. 2008/2009 kam dann die Finanzkrise. Hier traf es vor allem die Banken, die sich auf Beteiligungen Dritter mit Zertifikaten von Rating-Agenturen und Versicherungen verlassen hatten. Man hatte jahrelang nicht mehr auf den Leistungsinhalt schauen müssen, sondern konnte schöne Zertifikatsetiketten sammeln. Die Bankenkrise ist ein gutes Beispiel klassischer Fehlentscheidungen. Statt sich zu fragen, welches Kernprodukt man finanzierte, schaute man auf ein Zertifikat, das eine externe Rating-Agentur gegen Entgelt vergeben hatte und verließ sich außerdem auf das Funktionieren anderer Banken, um sich an diese zu hängen.

2008 wurde die Dresdner Bank dann an die Commerzbank verkauft. Irgendwann musste die Allianz wohl erkennen, dass kein Kunde eine Versicherung kauft, wenn er nicht auch einen Kredit erhält. Wenn der Unternehmer eine Fehlentscheidung trifft, muss er in der Lage sein, diese umgehend zu revidieren – auch wenn sie ihn bisher viel Geld gekostet hat (20 Mrd. Kaufpreisdifferenz im Beispiel Allianz-Commerzbank). Es kostet oft viel mehr Geld, eine getroffene Fehlentscheidung zu verteidigen, als sie trotz hoher Investitionen wieder zu beenden.

**Praxisbeispiel ERP-System**

Im eigenen Unternehmensportfolio hatte sich ein ERP-System (Warenwirtschaftssystem) durchgesetzt, das seine Stärken im Offline-Handel hat. Die Investitionskosten in fünfstelliger Höhe waren getätigt, die Mitarbeiter geschult. Dann kam eine Unternehmensfusion hinzu. Das neue Unternehmen bediente fast ausschließlich das Online-Geschäft und benötigte ebenfalls ein neues ERP-System. Die Frage war, ob man zwei Systeme aufrechterhält oder auf eines umstellt. Das Hauptargument der Geschäftsführung gegen die Nutzung nur eines ERP-Systems war, dass das eine System ja nun gerade erst teuer eingeführt worden war. Die Frage lautet deshalb, welches System in der Zukunft wichtiger sein wird. Online-Verkäufe sind ständig mit dem Warenbestand und dem Warenort aktuell zu halten. Das macht die Priorisierung klar. Dass zwei System nebeneinander doppelte Arbeit und im laufenden Betrieb damit doppelte Kosten bedeuten und die Geschäfte mittel- bis langfristig angelegt sind, führt immer zur Entscheidung für ein einheitliches System, das Online und Offline beherrscht. Also wurde das neue Offline-ERP-System unverzüglich beerdigt – ungeachtet bereits investierter Mühen und Gelder. Die Sicherheit für alle Beteiligten und die schnelle Entscheidung sind essentiell dafür, dass ein Unternehmen sich nicht mit toten Themen über Monate oder Jahre zeit- und kapazitätsraubend zu beschäftigen hat.◄

## 3.3     Disziplin und Gefahr der Selbstüberschätzung

Eine der wichtigsten Punkte für die richtige Entscheidung ist, die Grundprinzipien des eigenen, bisher erfolgreichen Handelns nicht zu verlassen bzw. im Risikokorridor bisheriger Entscheidungen zu halten. „Never change a winning team" kann natürlich auch zur Last werden, wenn der Unternehmer alte Vorgehensweisen nicht den neuen Informationen anpassen kann. Insofern geht es hier im Wesentlichen um zwei Dinge: erstens, die Entscheidungsprozesslinie diszipliniert einzuhalten und zweitens, zu wissen, wo die Abarbeitungsstärken liegen und diese Stärken weiterhin zu nutzen.

Nehmen wir das Beispiel der Immobilienprojektentwicklung. Anfang 2010 endete die Finanz- und Wirtschaftskrise. Der Bedarf an Wohnraum wuchs in Ballungsgebieten wie Berlin ab 2011 nach Zensus-Zählung (Wachstum der Einwohner um rund 1 % p.a. bis 2019) und ermöglichte vielen Projektentwicklern relativ sicher im Rahmen des allgemeinen Wirtschaftsaufschwungs den Vertrieb von neu gebauten Wohnungen. Banken finanzierten wieder Projekte und man konnte mit 10 bis 15 % Eigenkapitalanteil am Gesamtvolumen der Immobilienerrichtung nebst Vorverkaufsquote wieder Geld von Banken erhalten. Der Zeitfaktor spielte hier für die Immobilienentwickler eine entscheidende Rolle, weil durch den erhöhten Bedarf an Immobilien die Preise für Eigentumswohnungen, aber auch für Mietwohnungen stiegen. Im Prinzip konnte ein Entwickler keine falschen Entscheidungen treffen. Jedes angefasste Projekt endete mit einem Erfolg – auch dann, wenn beispielsweise die Optimierung an den Grundrissen vernachlässigt wurde.

In Berlin konnte der Entwickler Grundstücke zu einem Preis pro Quadratmeter Wohnfläche noch vielerorts unter 300 € kaufen. Die Baukosten lagen 2013 noch bei etwa 1200 € brutto pro qm Wohnfläche netto – und zwar inkl. Ausführungsplanung und Außenanlagen. Die Überschüsse betrugen für die Entwickler immer über 15 %. Wenn man also ein Projekt für 20 Mio. € Volumen erstellte, ergab der Überschuss vor Steuern drei Millionen Euro. Diese 15 % Überschuss verlangte auch jede Bank als Finanzierungsvoraussetzung. Immerhin mussten 4 Jahre Entwicklungszeit eingerechnet werden. Teilt man jene drei Millionen Euro durch die Jahre und berücksichtigt die Steuern (Annahme der Ausschüttung an eine Einzelperson in der Kette), erhält der Entwickler 375.000 € p.a. Ertrag. Das ist trotz der Risiken in der Finanzierung, dem Vertrieb und dem Bau nicht unerheblich. Man konnte so das eingesetzte Kapital verdoppeln.

In den darauffolgenden Jahren stiegen die Baukosten auch aufgrund der ständig erhöhten Auflagen zum Bau auf über 2000 € pro qm an. Gleichermaßen können Grundstücke in Berlin in mittleren Lagen nicht mehr unter 1000 € pro qm erworben werden. Die Entwicklungsmargen sind nicht selten auf unter 10 % gesunken, weil auch Mieten und Kaufpreissteigerungen bzw. Kaufpreisfaktoren natürlicherweise ihr Ende finden. Trotz niedriger Zinsen ist die Belastungsfähigkeit derjenigen, die Mieten und Kaufpreise aufbringen sollen, auch begrenzt, weil die Einkommen nicht analog steigen. Gleichermaßen hat sich das politische Umfeld verschlechtert.

Nun könnte man annehmen, dass der Unternehmer sozusagen automatisch gezwungen ist, weiterhin Projekte zu entwickeln, da er ein großes Team an Mitarbeitern zur Projektentwicklung aufgebaut hat. Außerdem ist alles, was der Unternehmer in den letzten zehn Jahren angefasst hat, zu einem wirtschaftlichen und persönlichen Erfolg geworden. Wenn sich nun die Parameter für eine Entwicklung verändern, steht das Unternehmen vor der Entscheidung, ein Geschäftsmodell einzustellen oder zu verändern. Die Fähigkeit zu haben, etwas zu beenden, weil die Schlussfolgerung aus den objektiv vorliegenden Informationen dies nahelegen oder eben den persönlichen Ergebniserfolg nach vorn zu stellen und „never change a winning team" als Leitlinie anzusehen, ist hier die Entscheidungsfrage. Es ist auch mental und psychologisch deutlich einfacher, in einer Art Automatismus Projekte und Wachstumskurven der letzten zehn Jahre heranzuziehen als etwas, was jahrelang gut funktionierte, zu beenden. In diesem Beispiel gilt es schlichtweg, immer wieder zu den Kerninformationen zurückzukommen, die den Erfolg anfänglich erst möglich gemacht haben, und ebenso diszipliniert zu beenden, was diesen Kerninformationen nicht mehr entspricht. Die Fähigkeit, diszipliniert nichts zu machen, was emotionale Auslöser hat, ist eine der großen Stärken der Entscheidungsfindung eines modernen Unternehmers. Sich selbst also subjektiv als automatisch erfolgreicher Könner zu überschätzen, ist der erste Schritt zur Fehlentscheidung.

## 3.4    Finanzmittel

Jeder Unternehmer muss seine Finanzkapazitäten beherrschen. Hierfür fertigt man Rentabilitäts- und Liquiditätsplanungen an und überwacht diese mit monatlichen betriebswirtschaftlichen Auswertungen und Kontoständen. Der Unternehmer muss seine Handlungen in jenen Rahmen setzen können.

So überlegte ein inhabergeführter Maschinenhandel mit zwei Mann, sich zur Umsatzerweiterung einen Vertriebsmitarbeiter einzustellen. Die Beschaffungskosten eines vermeintlich geeigneten Mitarbeiters über einen Headhunter beanspruchte 12.000 €. Dann muss dieser Mitarbeiter etwa drei Monate eingearbeitet werden, bevor nach weiteren drei Monaten zu hoffen ist, dass der Umsatz deutlich wachsen wird. Das kostet dann noch einmal gut 30.000 €. Kündigungsschutz genießt kein Mitarbeiter in einem Beschäftigungsverhältnis in Unternehmen mit weniger als 10 Mitarbeiter*innen. Damit könnte sich eine Kündigungsfrist im Arbeitsvertrag verlängern oder das Gehalt erhöhen, wenn man als Kleinstunternehmer im Wettbewerb zu „sichereren" Unternehmen stehen muss. Das Risiko eines Fehlgriffs steht dann logischerweise immer im Raum und beläuft sich hier auf etwa 50.000 €.

Der Unternehmer muss also abwägen, ob er den Umsatz mit dem Risiko steigern will, möglicherweise einen gesamten Jahresertrag zu verlieren, oder ob er dieses Risiko scheut. Letztlich hängt alles von der Fähigkeit ab, sich zu finanzieren und davon, ob die Risikobereitschaft besteht, Kapital als Investition einzusetzen. Jede Entscheidung hat also unmittelbare Auswirkung auf die Finanzlage des Unternehmens.

## Praxisbeispiel Flächenerweiterung

Ein Kampfsportstudio mit einer Fläche von 500 qm stand vor der Frage, ob es durch eine gute Gelegenheit seine aktuelle Fläche um 700 qm erweitern sollte. Die Fixkosten für 500 qm lagen bei gut 20.000 € und waren beherrschbar. Die Überschüsse waren bisher allerdings unbedeutend. Die Kunden übten intensiv während kurzen Zeitfenstern des Tages. Damit war kein Wachstum durch bessere Ausnutzung bzw. Belegung der Halle möglich. Auch die Gewinnung neuer Kunden, die an Vormittagen trainieren können, waren für das Studio beschränkt, weil die Geräte in der Auswahlmöglichkeit und in Ermangelung des Platzes nicht flexibel genug waren, weshalb die Spezialisierung auf Kampfsport und PT festgelegt war. Auch hier verändert sich jedoch der Markt. Kampfsport und Teilnehmer entwickeln sich weiter.

Die Frage war also, ob der Unternehmer das Risiko der Verdreifachung der Fixkosten übernehmen wollte, jedoch mit der Chance, sich mittelfristig flexibel genug und inhaltlich breiter aufzustellen. Der Unternehmer brauchte zur Flächenausstattung außerdem gut 300.000 €. Hierbei hatte er Schwierigkeiten bei der Gesamtberechnung, nämlich was im Falle des Scheiterns zurückzuzahlen wäre und dass die Tilgung erst nach Gewinn und Steuern erfolgt. Banken wollten das Studio nicht finanzieren, sodass es letztlich ein privater Geldgeber finanziert hat. Die unternehmerische Entscheidung über richtig oder falsch ist nicht zu bewerten. Man muss sich aber über Chancen und Finanzierungsrisiken und damit auch die unternehmerischen Entscheidungsgrenzen im Klaren sein. ◄

In einem anderen Fall ist eine solche Entscheidung genau andersherum getroffen worden. Ein seit 1991 in Berlin ansässiger Backbetrieb hat ein amerikanisches Produkt bzw. später Produkte geschaffen, die ohne Konservierungsstoffe hergestellt werden, aber nur vier Wochen lang haltbar sind. Man kann die täglich ausgelieferten Waren bei mehr als 250 Cafés und Backshops erhalten – meist als White-Label-Produkt. Inzwischen beliefert der Betrieb auch an Supermärkte ein standardisiertes Produkt. Das kleine Handwerksunternehmen erzielt seit mehr als einem Jahrzehnt konstant einen Millionenumsatz und eine Umsatzrendite von mehr als 10 %. Der Zeitaufwand des Unternehmers gibt ihm genügend Raum für private Aktivitäten. Nun hat er mehrfach die Gelegenheit gehabt, über Supermärkte deutschlandweit zu liefern. Er könnte auch in anderen großen Städten der Bundesrepublik entsprechende Backstuben oder Lieferstandorte einrichten und die Haltbarkeit durch spezielle Verpackungstechnik verdoppeln. Die Finanzierung der Expansion wäre ohne Probleme möglich. Dennoch hat sich der Unternehmer weiterhin gegen die Expansion entschieden, weil sie ihn Zeit kostet und sein Lebensplan nicht den Verkauf eines großen, aber durch Finanzierungen und Abhängigkeiten von Supermarktketten entstehenden großen Unternehmens beinhaltet. Die Finanzierungsmittel und Möglichkeiten müssen zwar betrachtet werden, bevor eine Entscheidung getroffen wird, sind aber kein Zwang, ihnen zu folgen, wenn man über solche verfügt. Insgesamt ist hier natürlich zwischen Eigenkapital und Fremdkapital zu unterscheiden. (siehe auch „Bewertung, Kauf und Optimierung von Unternehmen" Adelmann und Rassinger 2020).

## 3.5    Innovationen

Dem deutschen Markt wird nachgesagt, dass er nicht innovativ genug sei und Unternehmen folglich langfristig in ihrer Existenz bedroht seien, wenn es globale Veränderungen gäbe. Sicherlich fällt uns dann sofort ein, dass in einigen Regionen Deutschlands der Zugang zum Internet auch 2020 noch nicht möglich ist oder das Telefonieren im Zug mit einer Dauer von mehr als fünf Minuten nicht funktioniert. Deutschland belegte in einer im September 2020 veröffentlichten Studie nur Platz 50 in Sachen Digitalisierung – noch hinter beispielsweise Indonesien. Deutschland ist im Vergleich zu vielen europäischen und außereuropäische Regionen sehr viel zögerlicher, wenn es um Innovation geht. Nur in wenigen industrialisierten Ländern werden Neuerungen derart schwerfällig angenommen. Innovation wird aber mit wirtschaftlichem Erfolg gleichgesetzt. Und nach anderer Meinung soll Deutschland auf Platz 2 der innovativsten Länder der Welt liegen – dank der vielen angemeldeten Patente (Jerzy 2019). Eine weitere Untersuchung anhand von 80 Faktoren hat den Global Innovation Index ermittelt und dabei 126 Länder untersucht. Auch hier liegt Deutschland auf einem guten 9. Platz der Rangliste (Trends der Zukunft 2018). Was bedeutet das für die Entscheidungsprozesse von Unternehmen?

Die digitale Transformation von Unternehmen scheint verzögert umgesetzt zu werden. Welchen Einfluss auf Entscheidungen sollten Unternehmen bei der Akzeptanz von Innovationsmöglichkeiten zulassen? Im Buch „The Innovators Dilemma" (Christensen 2011) wird dieses Thema betrachtet: Den Kundennutzen (personas) so zu leben, dass man im Wettbewerb bestehende Konzepte durch eigene Ressourcen und Fähigkeiten verbessert, sei Innovation. Natürlich reicht es nicht, die Analyse hierzu zu erstellen, sondern man muss im Wesentlichen im Rahmen einer mittelfristigen Strategie von der Idee bis hin zum Marketing auch umsetzen, um Produkt oder Dienstleistung zu optimieren. Wer also nachhaltig innovativ ist, ist verlässlich erfolgreich. Für die eigene Entscheidungsfindung sollte sich der Entscheider also fragen, ob es eine Strategie gibt, in die die Entscheidung passt – sozusagen Linie behalten und nicht nervös werden.

Unternehmen können aber durchaus gut geführt und innovativ sein und dennoch vom Markt verschwinden. Innovativ kann die Weiterentwicklung eines Produktes oder einer Dienstleistung durch Verbesserung der jeweiligen Technologie oder der Prozesse bedeuten. Es ist auch möglich, dass Innovation dann entsteht, wenn ein Produkt oder eine Dienstleistung weniger ausgefeilt entwickelt wird, sodass das Ergebnis für sich betrachtet schlechter scheint – der Kundennutzen wird aber durch Vereinfachung so gesteigert, dass ein komplexes Produkt im Markt verschwindet. Besonders deutlich wird dies in der Welt der IT-Firmen und der Versandhändler sichtbar. Der klassische PC kann mehr als der tragbare Computer. Dennoch haben sich der Laptop und später das iPad durchgesetzt. Die danach erfolgreichsten Firmen wie beispielsweise IBM oder Xerox sind vom Markt verschwunden, obwohl deren Geräte von der Leistung her deutlich mehr zu bieten hatten. Versandhändler sind verschwunden, weil der Online-Handel ihr Angebot übernommen hat – obwohl ein Quelle- oder Neckermann-Katalog viel umfassender war als beispielsweise die Auswahl bei Zalando. Diese kleinen Beispiele zeigen, dass Innovation nicht unbedingt nur die Verbesserung eines Produktes bedeutet oder allein auf Margenoptimierung und Marktanteile ausgerichtet sein sollte, sondern auch die Besetzung einer Nische für einen neuen Kundennutzen in Erwägung ziehen muss, um existenziell gesichert zu sein – sozusagen bedingt innovativ. Erfolgreiche Unternehmen können also schnell vom Markt verschwinden, auch wenn sie klassisch innovativ sind.

## 3.6 Der soziale Aspekt

Bei Entscheidungen für das Unternehmen geht es nicht nur um Profit und das Ansehen des Unternehmens als Faktor des Geldverdienens, wie es Siemens anlässlich seiner Signalanlagenverkäufe für einen Braunkohlebergbaubetrieb in Australien erlebte. Der soziale Aspekt einer Entscheidung sollte frei von ideologischen Trends sein, weil Trends nicht nachhaltig sind und den Bestand des eigenen Unternehmens nicht garantieren. Allerdings hat ein Unternehmer Verantwortung als Teil der Gesellschaft über Ideen, Mitarbeiter und das Unternehmen hinaus. In diesem Gesamtgefüge gilt es abzuwägen, welche Entscheidung sein muss und welche nicht.

Ein Beispiel hierfür als kostspielige Erfahrung aus den Unternehmen der Autoren ist das Personal. Mitarbeiter sind einerseits loyal und andererseits auch undankbar. Wenn man loyale Mitarbeiter im Niedriglohnsegment beschäftigt, dann wird es darauf ankommen, dass diese sich sicher und gebraucht fühlen. Jene Sicherheit erreicht der Unternehmer gerade nicht mit Zeitarbeitsverträgen, in denen das „Verfalldatum" wie bei einem Countdown näherkommt. Die Abwägungsfrage ist dann immer, ob man in der Zeit der eigenen Beanspruchung besonders hohe Qualität haben will, auch auf die Gefahr hin, dass man Personal nicht abbauen kann, wenn dies für das Unternehmen zur Existenzfrage wird. Dies gilt bei Mittelständischen wie Konzernen gleichermaßen. Die Kritik in Europa lautet insbesondere derzeit, dass ein Nettolohn von knapp oberhalb des Existenzminimums in Kombination mit dem Gefühl der Unsicherheit dazu führt, dass Menschen systemkritisch werden, weil sie sich ausgebeutet fühlen. Allein in Deutschland betrifft dies auch noch 1.4 Mio. Menschen, darunter mehrheitlich Frauen.

Für das Unternehmen ist folglich ein Prinzip aufzustellen. Welche Vor- und Nachteile es für das Unternehmen und seine Qualität hat, wenn es Zeitarbeit ausschließt, sollte klar gesichtet werden. Ein anderes Beispiel sind solche Fälle, in denen der Arbeitgeber die Möglichkeit wahrnimmt, ein Arbeitsverhältnis durch einen Aufhebungsvertrag zu beenden. Im Falle eines Aufhebungsvertrags erhalten die betroffenen Mitarbeiter eine Sperrfrist bei der zuständigen Agentur für Arbeit für drei Monate, während der sie kein Geld bekommen. Der Ausspruch einer ordentlichen Kündigung von Menschen – insbesondere mit Kindern – wiederum führt dazu, dass jene erst Arbeitslosengeld erhalten, wenn sie bereits 12 bzw. 18 Monate tätig waren. Also: Wer als Arbeitgeber abwägen muss, ob er einen Monat (Kündigungsfrist von vier Wochen) Lohn weiterzahlt oder fristlos oder den Vertrag durch Vereinbarung aufhebt, sollte auch abwägen, welche Folge diese Entscheidung für die Betroffenen haben kann. Richtig oder falsch kann unterschiedlich aufgefasst werden. Allerdings gehört immer dazu abzuwägen, welche Folgen eine Entscheidung für andere Menschen hat, weil man auch mit diesen Folgen umgehen muss.

## Literatur

Jerzy N (2019) Ranking: Die 10 Länder sind weltweit am innovativsten. https://www.capital.de/wirtschaft-politik/10-innovativste-nationen-der-welt. Zugegriffen: 14.10.2020

Trends der Zukunft (2018) Global Innovation Index: Das sind die 20 innovativsten Länder der Welt! https://www.trendsderzukunft.de/global-innovation-index-das-sind-die-20-inn ovativsten-laender-der-welt/. Zugegriffen: 14.10.2020

Christensen C M (2011) The Innovator's Dilemma: The Revolutionary Book That Will Change the Way You Do. Harper Business, New York

Klotz M (2015) Warum Yapital gescheitert ist. https://www.gruenderszene.de/allgemein/yap ital-schluss-analyse. Zugegriffen: 17.10.2020

# Entscheidung im Rahmen der mittelfristigen Planung

## 4.1 Konzerndenken

Konzernen sagt man nach, dass sie ursprünglich einmal von erstklassigen Managern gelenkt wurden, die dann von zweitklassigen ersetzt wurden, die wiederum dafür sorgen, dass sie möglichst konkurrenzlos nur von drittklassigen Managern umgeben werden. Diese Spirale mag überspitzt sein. Was eine Entscheidung aber anders macht, ist der Umstand der Verträge von Vorstandsvorsitzenden. Eine Aktiengesellschaft bemisst sich am Aktienkurs, der wiederum von jährlich guten Zahlen lebt. Die Vorstände stehen dagegen alle vier Jahre auf dem Prüfstand. Wieso sollte also ein Vorstand weiter als vier Jahre denken?

Diese Gefahr sieht man sehr gut an der Politik der Bundesrepublik Deutschland, wenn man untersucht, wie lange Entscheidungsprozesse benötigen und oft erst dann erfolgen, wenn es gar nicht mehr anders geht: Energiewende, Bildung und Digitalisierung sind dazu ganz aktuelle Beispiele. Politiker werden für vier Jahre gewählt. Nach einer Einarbeitungszeit von einem Jahr drängen die Bundesländer zum jeweiligen Stillhalten vor unpopulären Maßnahmen bis hin zu populären Versprechen und Entscheidungen. In vier Jahren wird bis zu 17 Mal gewählt. Wie soll man da unpopuläre Entscheidungen treffen, die gut für die Zukunft eines Landes und seiner Bevölkerung sind? Würde man die Legislaturperiode auf sechs Jahre verlängern, stünde die Demokratie derzeit nicht derart unter plötzlichem Innovationsdruck.

So ist auch der Unterschied zwischen klassischen, inhabergeführten Unternehmen und angestellten Konzern-Vorständen. Das persönliche Interesse des Entscheiders ist möglicherweise und natürlicherweise konträr zum Interesse

Q. Graf Adelmann und M. Rassinger, *Der unternehmerische Entscheidungsprozess*, essentials, https://doi.org/10.1007/978-3-658-33707-0_4

des Unternehmens. Vorausschauendes Denken und Entscheiden ist ohnehin nur möglich, wenn man sich laufend neu informiert.

## 4.2 Mittelstand

Der sogenannte Mittelstand definiert sich nach der wirtschaftlichen Unabhängigkeit, den Eigentumsverhältnissen und der Geschäftsführung. Nach den allgemein gültigen Definitionen der KMU darf ein Unternehmen oder die Unternehmensgruppe nicht mehr als 50 Mio. Euro Jahresumsatz erwirtschaften. Außerdem werden Unternehmen vom Bezugsrecht von Fördermitteln ausgenommen, wenn diese nicht mehr als kleine und mittlere Unternehmen gelten; d. h. mehr als 250 Mitarbeiter beschäftigen.

Für die Bundesrepublik wissenswert ist, dass praktisch alle umsatzsteuerpflichtigen Unternehmen mittelständische Unternehmen sind (mehr als 99 %). Fast zwei Drittel aller hier sozialversicherungspflichtig Beschäftigten arbeiten im Mittelstand und erwirtschaften gut ein Drittel des Gesamtumsatzes aller Unternehmen. Außerdem werden vier von fünf Auszubildenden im Mittelstand ausgebildet. Daneben sind gut 95 % aller Unternehmen Familienunternehmen, tragen gut 40 % des Gesamtumsatzes aller Unternehmen bei und bilden weit mehr als die Hälfte aller Auszubildenden aus.

Die Entscheidungsträger sind in der Bundesrepublik also meist keine Menschen, die starren Strukturen unterliegen, sondern ständig Wettbewerb und Veränderungen ausgesetzt sind. Geografisch befinden sich die meisten Unternehmen, nämlich fast zwei Drittel, in Nordrhein-Westfalen, Bayern und Baden-Württemberg, wohingegen die Zahl der mittelständischen Unternehmen in Bremen, Saarland und Mecklenburg-Vorpommern unter 1 % liegt. Absolut gemessen an der Einwohnerzahl jedoch liegen Hamburg und Bremen vor Bayern und Baden-Württemberg.

Die Hoffnung, dass ein Mittelständler Entscheidungen trifft, die mittel- und langfristig orientiert sind, ist folglich hoch.

## 4.3 Mittelfristigkeit im makroökonomischen Kontext

Für die mittelfristig einzuordnende Entscheidung ist relevant, wie sich das Marktumfeld aktuell verhält. Das Gesamtumfeld ist sowohl wirtschaftlich, sozial und politisch ein entscheidender Faktor für den Erfolg eines Unternehmens. In der

Region Europa scheint der Wohlstand stetig gewachsen zu sein. Unternehmenswerte in Aktiengesellschaften waren begehrt, Gold war stabil, Immobilien wurden immer teurer und regional schwächere Regionen waren gefragt. Jedes Vorhaben schien zu gelingen.

Dennoch waren die Krisen bereits sichtbar: 2011 ereignete sich Fukushima und ein Umdenken zum vermehrten Umweltschutz setzte ein. 2015/2016 führten Flüchtlingsströme nach Europa, Spannungen in Asien und Ost-Europa oder Angriffe auf die globale Wirtschaft mit „America First" deuteten bereits darauf hin, dass jedenfalls regionale Märkte nicht so stabil sind wie die an ewig Wachstum denkenden Regionalkräfte. Im März 2020 hielt dann die sogenannte Corona-Krise Einzug. Ganze Wirtschaftssegmente wie Tourismus, Veranstaltung, Gastronomie oder Hotellerie stehen zur Disposition. Internationale Lieferketten waren unterbrochen und zeigten, wie abhängig Regionen von der globalen Wirtschaft sind und wie schnell der Rückzug in regionale Märkte erfolgen kann.

Was kommt als nächstes? Die Verschuldung von Unternehmen und der Staaten ist explodiert. Anstatt dass die Politik mit dem Geld diszipliniert auskommt, das ihr demokratisch legitimiert durch das Steueraufkommen zur Verfügung steht, wird Geld gedruckt. Damit werden – abhängig von steigenden Lohn-Stückkosten – irgendwann die Preise steigen. Inflation und Steuererhöhung zum Schuldenausgleich sind zu erwarten. Seit der Aufhebung des Gold-Standards 1971 wird der Abstand zwischen arm und reich immer größer, da mit jeder Krise und mit jedem damit verbundenen Gelddruck zunächst Vermögenswerte steigen (Aktien, Immobilien & Gold), die die Reichen haben und später der Schuldenausgleich durch alle erfolgt (Cantillon-Effekt FAZ 2014). Im Rahmen dieses Kontextes ist auch für die eigenen unternehmerischen Entscheidungen einzuschätzen, in welcher zeitlichen Abfolge Entscheidungen eingebettet sind. Immerhin muss der Unternehmer sein Produkt oder seine Dienstleistung erbringen, verkaufen, aber auch finanzieren können. Am Beispiel der Immobilienentwicklung werden möglicherweise Zugang zu Grundstücken, Gewerbeimmobilien oder Hotelimmobilien einfacher und günstiger, was allerdings nichts nützt, wenn eine Bank nicht finanziert oder Nutzung und Verkauf nicht möglich sind.

Ebenso ungünstig wäre beispielsweise die Eröffnung einer Ausstellung oder die Durchführung von Veranstaltungen. Die Entscheidung heute zu treffen, ob man ein Investment durchführt, kann umgekehrt natürlich sehr lohnenswert sein, wenn heutige Krisen in wenigen Jahren vorüber sind.

**Fazit** Das globale Umfeld mittelfristig einigermaßen einzuschätzen und den eigenen Rhythmus sowie die Zeitpunkte von Investition und Finanzierung zu planen, ist auch immer eine Frage des Gesamtumfeldes.

## Literatur

FAZ (2014) Die wahre Ursache der Ungleichheit. https://www.faz.net/aktuell/wirtschaft/
mayers-weltwirtschaft/mayers-weltwirtschaft-die-wahre-ursache-der-ungleichheit-131
77381.html. Zugegriffen: 17.10.2020

# Entscheidungen im Kontext der Justiz 5

## 5.1 Vertrag und Exekution

Es gibt einen sehr großen Unterschied zwischen einem Vertrag (Schuldverhältnis) und einem realen Zustand. Was ist also zu tun, wenn die Schuld nicht erbracht wird und wie schützt man sich im Entscheidungsprozess bzw. wie geht man mit dieser „Non liquet"-Lage richtig um. Ein englischer Rechtsanwalt einer internationalen Kanzlei hatte im Rahmen eines Grundstückskauf für eine Waschstraße in der Nähe von Birmingham behauptet, dass der von ihm entwickelte Kaufvertrag schützen würde („the contract protects you"). Es sollte also ein Kaufvertrag geschlossen werden, die eine Bodenuntersuchung über Kontamination desselbigen im Vertrag regelt. Wenn sich also der Boden als kontaminiert erweist, sollte der Verkäufer Schadenersatz leisten müssen. Dieser Fall ist typisch für die Denkweise vieler Unternehmer im Entscheidungsprozess. Der Unternehmer will sich vor Problemen auf seinen Anwalt und einen Vertrag verlassen und sich sozusagen doppelt „absichern".

Der erste Denkfehler dabei ist, dass der Anwalt selbst überhaupt kein Risiko eingeht, gegen das er nicht versichert ist, weil er selbst kein Geld investiert, sondern nur der Beratende ist. Er berät demnach quasi als Versicherungsmakler, wie der andere sich versichern soll. Der zweite Denkfehler ist, dass im Streitfall der Anwalt erneut verdienen kann. Er baut das für seine Zukunft ein. Um einen Vertrag und dessen Wirkung zu verstehen bzw. auch die Entscheidung über die einzelnen Klauseln, muss sich der Entscheider den „worst case" etwa so vorstellen: Er zahlt für das Grundstück, bekommt es (Nutzen/Lastenwechsel), geht dann zum Grundstück und stellt fest, dass er 1,2 Mio. Pfund ausgegeben und ggf. auch finanziert hat, das Grundstück aber kontaminiert ist.

Q. Graf Adelmann und M. Rassinger, *Der unternehmerische Entscheidungsprozess*, essentials, https://doi.org/10.1007/978-3-658-33707-0_5

Die Beseitigung der Kontamination kostet eine halbe Million Pfund und beansprucht Zeit. Der Verkäufer, eine einfache Objekt-Ltd., zahlt aufgrund realer Haftungsbeschränkung nicht bzw. hat außer dem Haftungskapital keine Mittel mehr. Nun müsste man klagen, um entweder die Kontaminationskosten ersetzt zu bekommen oder vom Kaufvertrag zurückzutreten und sein Geld erstattet zu bekommen. Der Verkäufer hatte eine Bodenbegutachtung auf Kosten des künftigen Käufers abgelehnt. Nun ist rational gesehen die erste Frage immer: würde man das Grundstück aufgrund des Preises auch dann kaufen, wenn es eine halbe Million Euro teurer wäre? Und die zweite Frage: Kann man vier Jahre mit dem Risiko warten, dass der Verkäufer zwischenzeitlich haftungsverbraucht zahlungsunfähig wird?

Kurzum: der Vertrag schützt hier weder vor dem Kontaminationsrisiko noch gibt es Sicherheit, dass man im Falle der Kontamination sein Geld bekommt. Der beratende Anwalt hat dann außerdem vier Jahre Zeit, seine Beratung unübersichtlich durch Instanzen ziehen zu lassen und die inhaltliche Verantwortung auf Gutachter und Gerichte abzuwälzen. Es geht im Falle der Entscheidungsfindung wie immer um den Kern der Frage zum Vertrag und dem Blick auf das Risiko hinsichtlich Durchsetzung und Zeitablauf.

Beim Abschluss von Verträgen kommt es also immer darauf an, dass man die Kunst versteht, die Realität zu erfassen. Hierauf ausgerichtet fasst man den Vertrag ab. Wenn man Leistung und Gegenleistung miteinander verknüpfen will, darf man nichts vor Erhalt der Gegenleistung übergeben. Wenn man handlungsfähig sein will, muss man sich Vollmachten geben lassen, um ohne weitere Schritte selbst handlungsfähig zu bleiben. Es gibt auch keinen Vertrag oder seriösen Vertragspartner, der nicht die Zeit eines Bodengutachtens abwartet, bevor man ihn schließt. Entscheider müssen in die Zukunft denken. Die rechtliche Absicherung durch einen Vertrag ist reine Theorie. Man muss also real ohne den Einfluss Dritter Verträge auch selbst durchführen können (Exekution). Allein hieran knüpft sich ein gutes Geschäft und eine gute Beratung.

## 5.2   Vernunft

Entscheidungen vernünftig zu treffen, ist eine elementare Herausforderung. Man bewältigt sie mit Mathematik und Logik. Um eine logische oder mathematisch richtige Entscheidung treffen zu können, müssen die gewonnenen Informationen sortiert aber auch in der Tiefe ermittelt werden. Je detaillierter die Informationsanalyse, desto besser die Entscheidung.

**Praxisbeispiel Sitzmöbel**

Es galt für ein Unternehmen, das Produkte für Offline- und Online-Märkte herstellt, zu entscheiden, ob Sitzsäcke hergestellt werden sollten. Hierzu hatte das Team unterschiedliche Kriterien festgelegt, die zur Entscheidung beitrugen, ob ein potenzielles Produkt von der Idee zum Herstellungsprozess zugelassen wird. Darunter der Punkt, welches Umsatzpotential und welche Marge der hier zur Entscheidung stehende Sandsack hat. Das Team teilte mit, dass der Sandsack nach Recherche in den entsprechenden Tools gut 100.000 Mal verkauft würde. Danach wurde die Marge errechnet. Hier kommt es nicht darauf an zu ermitteln, wie hoch im Markt insgesamt die Verkaufszahlen sind, sondern ganz präzise, wie hoch die Verkaufszahlen für die einzelnen Standorte sein können und ob im Wettbewerb das Produkt überhaupt an den jeweiligen Standorten verkauft werden könnte. Kurzum: Die Herausforderung ist folglich immer, die Information exakt an das Unternehmen anzupassen und nicht in globalen Zahlen steckenzubleiben und Entscheidungen auf Grundlage pauschaler Datenlagen zu treffen.◄

Hier sei abermals ein Schwenk in die Politik bzw. die mediale Aufarbeitung erlaubt. In der Kalenderwoche 10 des Jahres 2020 wurde die Zahl der Verkehrstoten in öffentlich-rechtlichen, aber auch in privaten Medien „ausgewertet". Darunter wurden für 2019 insgesamt 114 tödlich verunglückte Pedelec-Fahrer beklagt und behauptet, dass im Vergleich zu 86 Verkehrstoten im Jahr 2018 ein Anstieg um rund ein Drittel zu beklagen sei. Sofort reagierten Medien und Politik mit zahlreichen Vorschlägen zur Verschärfung der Regelungen im Rahmen der Pedelecs in der Bundesrepublik, da die Steigerung katastrophal hoch sei. Würden Unternehmen derart Entscheidungen treffen, wären sie nicht überlebensfähig. Die absolute Zahl der Verunglückten im Vergleich von 2018 zu 2019 ist zwar tatsächlich um 32,6 % gestiegen. Allerdings stieg der Anzahl der Pedelec-Nutzer im Vergleich zu 2018 um knapp 1,2 Mio. an. Die relative Zahl zwischen Nutzer und Verkehrstoten ist hier nicht genannt bzw. berücksichtigt worden, denn die Anzahl an Pedelecs stieg im gleichen Zeitraum von 4,76 Mio. in 2018 um 1,14 Mio. Nutzer auf 5,9 Mio. in 2019. Das bedeutet, dass die Zahl der Verkehrstoten relativ betrachtet um 6,9 % und im Vergleich der absoluten Verhältnisse sogar nur um 0,0001 % gestiegen ist.

Jeder Unternehmer könnte und müsste sich nun ansehen, ob es weitere Besonderheiten gibt und außerdem die Jahre davor ansehen oder 2020 abwarten, bevor eine Entscheidung getroffen wird, die Zeit und Geld kostet. Vernunft bedeutet also, sich mit den Details einer Information zum einen und sowohl mit der relativen als auch mit der absoluten Zahl zum anderen zu beschäftigen.

Deshalb ist KI (künstliche Intelligenz) auch in der Zukunft gefragt. Denn Menschlichkeit bedeutet, zu wissen, wovon man spricht und darauf basierend eine erste Entscheidung zu treffen, die aber zunächst rein datenbasiert sein muss. Es ist also noch nicht einmal schwer, vernünftige Grundlagen einer Entscheidung zu erarbeiten.

## 5.3  Künstliche Intelligenz oder: die Besonderheit der Entscheidungsabnahme

Wer die Comedy-Serie „Little Britain" kennt, der wird sich an die Dame erinnern, die den Reiselustigen Entscheidungen zur Ermöglichung einer Reise mit dem Spruch „Computer says no" abgenommen hat. Der Mensch gewöhnt sich derzeit an, Entscheidungen nach Anschein und nicht nach Inhalt vornehmen zu lassen. Hinter die Kulissen einer Information zu sehen, um zu verstehen, warum die eine oder andere Entscheidung richtig oder falsch ist, hilft jedoch zu einer unternehmerischen Entscheidung zu kommen, die „out of the box" ist.

Die mathematische Errechnung einer Lösung ist die Grundlage vernünftiger Entscheidungen. Solche sollen ja nicht aus dem Bauch heraus erfolgen, selbst dann nicht, wenn einem Entscheidungsträger ein „gutes Bauchgefühl" nachgesagt wird. Ein solches Bauchgefühl ist eher ein Training bzw. Erfahrung (Intuition). Die Fähigkeit zu stärken, eine Fülle an Informationen zu erfassen und miteinander zu verknüpfen, sollte ein Schulfach werden. Wer viele Entscheidungen trifft und gut liegt, der kann auch eine Entscheidung schneller treffen als andere und liegt in der Konsequenz oft richtig. Dieses Bauchgefühl nimmt aber durch die Verlangsamung der Entscheidungsprozesse ab. Der Trend ist also, eine Entscheidung so zu treffen, wie eine Software diese errechnet hat.

Wir „fühlen" Wahrheiten und machen aus Einzelbeispielen generelle Regeln. Kriege werden so begonnen und Entscheidungen bereut. Wenn der Mensch der abnehmenden Gehirnleistung durch machine learning etwas entgegensetzen will, muss er wieder rational denken lernen und Methoden und Formeln entwickeln, mit denen er Informationsausschnitte in den Gesamtkontext einordnen kann: Es ist wirklich sehr simpel.

Der Mensch hat schon sehr früh begonnen, Lösungen errechenbar zu machen. Man denke an den Satz des Pythagoras, mit dem in einem Dreieck die Streckenlängen der Geraden zu den Eckpunkten errechnet werden kann, auch wenn eine

Strecke fehlt. Oder die Formel zur Berechnung der Umlaufbahn eines Planeten aus Erkenntnissen zur Schwer- und Fliehkraft. Mit solchen Formeln errechnet man Lösungen zur Meisterung verschiedenster Herausforderungen.

Wenn einem fahrbaren Roboterarm in einem Raum von einem Menschen beigebracht werden soll, wie dieser zu einer Tür fährt, den Schlüssel einsetzt und umdreht, dann programmiert der Mensch eine Formel hinein. Heute hat sich das so genannte „machine learning" durchgesetzt. Hierbei stellt man den Roboterarm in denselben Raum wie zuvor. Nun erhöht man aber die Zahl der Roboterarme auf zehn oder mehr. Alsdann stellt man der Software so viele Daten wie möglich zur Verfügung und wartet, bis einer der Roboterarme bzw. dessen Software selbst gelernt hat, wie man den Schlüssel ins Schloss steckt und dreht, um die Tür zu öffnen. Welche konkrete Formel der Rechner allerdings nun verwendet, ist dem Menschen mit fortschreitender Komplexität nicht bekannt. Eine Formel ausgespuckt zu bekommen, um sie für den Menschen verständlich und selbst anwendbar zu machen, ist die neue Herausforderung, KI (künstliche Intelligenz) durch deep learning beherrschbar zu machen.

# Entscheidungen in der Zukunft 6

Heute werden Entscheidungen besonders in der Politik aus dem Nachrichten-Schnell-Effekt heraus getroffen und auch dann noch fortgeführt, wenn man längst rational erkennen kann, dass sie falsch sein werden oder unverhältnismäßig sind. Der Mensch entscheidet also nach Gefühl (dem „Ich"), weil ihm Zeit, Fähigkeit oder Willen fehlen, seinen Verstand einzusetzen (Abschn. 5.3). Das ist ungefähr so, als würde man eine Software, die nutzlos ist, beibehalten, weil schon viel Geld und Zeit des Unternehmens in sie investiert wurde. Religiöser Idealismus und Lagerpolitik statt einfacher Mathematik, Logik und Vernunft. Menschlichkeit beginnt damit, sich der Realität zu stellen. Dann sagt niemand etwas, wenn Entscheidungen in ihrer Schlussfolgerung politisch geprägt sind. Grundlage muss doch immer die Vernunft sein und keine Ideologie!

Zwischen 2012 und 2018 ist Berlin durchschnittlich um mehr als 45.000 Menschen jährlich gewachsen – so auch das Berliner Umland (Einwohnerentwicklung von Berlin 2019). Dass Wohnungsverknappung die logische – und vorhersehbare – Folge sein musste, ist bekannt, wenn man nicht gleichermaßen neuen Wohnraum schafft. Man braucht also mathematisch gesehen mehr Wohnungen. Nun könnte der makroökonomische Unternehmer geneigt sein, selbst Wohnungen zu bauen, weil insgesamt nur etwa 12.000 Wohnungen gebaut werden. Diese Makro-Information jedoch reicht nicht aus, um eine unternehmerische Entscheidung zu treffen, die zum einen kapitalintensiv, zum anderen aber auch mindestens fünf Jahre zur Umsetzung benötigt. Berlin hat schon 2016 die Erhöhung der Anforderungen an das Bauen beschlossen. Wenn man in Sachen Brand-, Schall- und Denkmalschutz sowie für die energetische Sanierung und die Barrierefreiheit nach verschärften Vorschriften bauen muss, steigen ganz simpel Kaufpreise und Mieten bei Neubauten.

Q. Graf Adelmann und M. Rassinger, *Der unternehmerische Entscheidungsprozess*, essentials, https://doi.org/10.1007/978-3-658-33707-0_6

2012 haben die Baukosten für 1 qm Wohnraum netto noch etwa 1200 €
(brutto) betragen. Heute sind es 2600 €[1]. Dazu kommen Grundstückskosten
und Nebenkosten. Die Kosten haben sich also mehr als verdoppelt und somit
müssten sich auch die Mieten verdoppeln. Um aber eine Entscheidung zu treffen, sich in diesem Segment zu betätigen, gehört viel mehr Detailwissen dazu:
neben den Mikrostandorten vor allem das Einkommen der Menschen in der Stadt
– bei Mietwohnungen des Mieters oder der Familie. Die Gehälter sind nicht gleichermaßen gestiegen. Mieten haben bis 2012 nicht selten (auch in den guten
Stadtlagen) weniger als 6 €/qm kalt gekostet. Die Möglichkeiten der Mieterhö-
hung wurden laufend begrenzt. Bei Altbauten darf man nach dem wahrscheinlich
rechtswidrigen Mietendeckel nicht erhöhen.

In Berlin beispielsweise gibt es knapp zwei Millionen Wohnungen bei gut
329.000 Wohngebäuden. Die durchschnittliche Wohnungsgröße beträgt demnach
73 qm. Bei 6 € Miete und 2,50 € Nebenkosten pro qm Wohnfläche wäre das
eine monatliche Mietbelastung in Höhe von 620 €. Bei dem Durchschnittsgehalt
von 3540 € monatlich und damit einem Nettogehalt von 2200 € ergibt das ein
verbleibendes Gehalt von 1580 €. Baut man eine solche Wohnung von 73 qm
neu (1000 € Grundstück, 2600 € Bau, 900 € Nebenkosten), dann steht der
Quadratmeter Wohnung bei 4500 €, ohne dass der Ersteller Geld verdient hat
bzw. überhaupt jemanden aus seiner Mannschaft bezahlen zu können (Abb. 6.1).
Wenn man die 328.500 € mit nur 2 % verzinsen würde (also der Wunschinfla-
tionsrate der Zentralbanken vor der Corona-Krise), dann bräuchte man allein zur
Kostendeckung rund 14 € Miete (inkl. Nebenkosten), also 1022 €.

Hinzu kommt natürlich, dass dasselbe Durchschnittseinkommen für die Finanzierung einer Eigentumswohnung infrage kommt. Neben dem o.a. Erstellungs-
preis plus Tiefgarage oder Einbauküche, Makler und Grunderwerbsteuer landet
dann der Einkommensbezieher schnell bei einer halben Million Euro. Sozial und
politisch betrachtet ist die Schaffung von Wohnraum sowie die Förderung von
Eigentum, durch die sich der über Jahrzehnte arbeitende Mensch mindestens für
dessen Nachfahren eine gewisse Unabhängigkeit vor gesundheitlichen Problemen und Wirtschaftskrisen erwirbt, natürlich erwünscht. Rechnerisch – abgesehen
vom Eigenkapital – kann in Ermangelung von Einkommenssteigerungen nur der
Ausgleich durch Flächenreduzierung erfolgen, wenn man die Verdoppelung der
Baukosten, die Genehmigungshürden für die Schaffung von Wohnraum sowie die
Regulierung der Mieten ausgleichen will.

---

[1]Angaben des Hauptautoren aus eigener Erfahrung als Immobilienentwickler seit 2010.

**Erstellungskosten einer Wohnung in Berlin pro m² NGF (2020)**

| 1.000 € Grundstückskosten | 2.600 € Baukosten | 900 € Baunebenkosten | 450 € Projektertrag ca. 10 % | Min. 4.950 € / m² |
|---|---|---|---|---|

**Wohnkosten im Verhältnis zum Nettoeinkommen**

| | Pfleger | Polizist | Lehrer | Ø-Nettoeinkommen | Ø-Haushalts-nettoeinkommen |
|---|---|---|---|---|---|
| | 1.906,00 €[1] | 1.983,00 €[2] | 3.143,00 €[3] | 2.421,00 €[4] | 3.015,00 €[5] |
| | 78 % | 75 % | 47 % | 61 % | 49 % |
| | 667 € (35 %) | 694 € (35 %) | 925 € (35 %) | 847 € (35 %) | 1.055 € (35 %) |

**Kapitalanleger Global**

Kauf Vermietung 7.300 m²
→ Kaufpreis 36.135.000 € zzgl. Kaufnebenkosten (8 %)
**39.025.800 €**
→ 4 % Rendite
→ Jahresnettokaltmiete 1.561.032 €
→ 17,82 € / m² netto
→ zzgl. 2,50 € / m² Betriebs- und Nebenkosten = 20,32 € / m²

**1.483,36 €**
**Bruttowarmmiete**
**für eine 73 m²-Wohnung**

**Eigentumswohnung**

Kauf Eigennutzung 73 m²
→ Kaufpreis 361.350 € zzgl. Kaufnebenkosten (14,14 %)
→ Zzgl. Einbauküche (15.000 €)
**427.445€**
→ Abzgl. Eigenkapital 47.445 €
**Finanzierung 380.000 €**
→ 1 % Zinsen      316,67 €
→ 3 % Tilgung     950,00 €
→ Netto           1.266,67 €

→ zzgl. 3,00 € / m² Wohngeld und Instandhaltungsrücklagen = 219,00 €

**1.485,67 €**
**Bruttoaufwand**
**für eine 73 m²-Wohnung**

Quellen: 1) Bundesagentur für Arbeit - Statistik/Arbeitsmarktberichterstattung (05/2020), S. 7 https://statistik.arbeitsagentur.de/DE/Statischer-Content/Statistiken/Themen-im-Fokus/Berufe/Generische-Publikationen/Altenpflege.pdf?__blob=publicationFile&v=8   2) etb beamtenbund und tarifunion (02/2020) https://www.dbb.de/fileadmin/pdfs/einkommenstabellen/besoldungstab_berlin_200201.pdf   3) GEW Gewerkschaft Erziehung und Wissenschaft (2020) https://www.gew.de/tarif/gehalt/   4) Statista (04/2019) https://de.statista.com/statistik/daten/studie/5758/umfrage/verfuegbares-nettoeinkommen-nach-bundeslaendern/   5) Destatis Statistisches Bundesamt (28.02.2020) https://de.statista.com/statistik/daten/studie/5758/umfrage/verfuegbares-nettoeinkommen-nach-bundeslaendern/

**Abb. 6.1** Erstellungskosten einer Wohnung in Berlin (2020). (Quelle: Quirin Graf Adelmann)

Im Ergebnis sind Durchschnittszahlen natürlich nur der Beginn einer unternehmerischen Entscheidung für oder gegen die Durchführung eines Bauprojektes. Denn neben den o. a. Zahlen kommen zahlreiche weitere Faktoren hinzu:

- Steht genügend Eigenkapital zur Finanzierung des Bauvorhabens bereit?
- Sind das Personal sowie die Dienstleister erfahren genug?
- Was sagt die Mikrolage im Vorhaben zu Einkommen, Wohnungsbedarf und absoluten Zahlen aus?
- Ist die Umsetzung behördlich möglich (Erhaltungs- oder Sanierungsgebiet)?

Es gibt also zahlreiche Detailprüfungen und Wettbewerb, die der Prüfung eine gewisse Geschwindigkeit abverlangen, will man nicht der Höchstbietende sein. Der abstrakten Erfassung der Sache folgt also eine Reihe detaillierter und notwendiger Informationen und am Ende auch der Mut zur Entscheidung sowie eine mittel- bis langfristige Umsetzungsstrategie.

Unternehmen werden auch mit politischen Fehlentscheidungen belastet und müssen damit umgehen. Denn Tourismuseinrichtungen haben ebenso wie Handwerksunternehmen oder Pflegedienste Interesse an niedrigen Mieten, um ihre Belegschaft zu binden, weniger zu belasten und keine Gehälter für Mieten aufzubrauchen und damit auch Preise erhöhen zu müssen, ohne dass die Leistung im Kern besser wird. Es liegt auch im Interesse des Unternehmers, der Ideen entwickelt und Mitarbeiter beschäftigt, seine Fixkosten nicht im Immobilen zu versenken. So gesehen haben Eigentümer auch Verantwortung, das Bruttosozialprodukt in einem Land nicht mit hohen Mieten zu behindern. Also muss mehr Platz geschaffen werden.

## Literatur

Einwohnerentwicklung von Berlin (2019). https://de.wikipedia.org/wiki/Einwohnerentwicklung_von_Berlin. Zugegriffen: 14.10.2020

# Angst bei Entscheidungen

„Fear is but another name for lack of power to control our minds, or, in other words, to control the kind of thought we think or put out." (Mulford 2008)

Trotz aller Logik, des Verständnisses von Prozessen und der Absicherung ist bei Entscheidungen oft eine unberechenbare Komponente im Spiel: die Angst. Menschen umschreiben sie oft mit Unsicherheit, Ungewissheit oder einem negativen Bauchgefühl. Während wir in den vorhergehenden Kapiteln ausführlich auf die Aspekte einer Entscheidung auf der Grundlage von Fakten eingegangen sind, möchten wir hier das menschliche Element betonen. Im Volksmund spricht man nicht umsonst von Entscheidungen mit Herz und Verstand – wobei das Herz in unserer Betrachtung weniger für Emotion, sondern mehr für Intuition steht und damit für Erfahrung.

Angst ist in der Natur zunächst etwas Positives, denn sie schützt sowohl im eigenen Leben als auch im Unternehmertum vor Misserfolg, Verlust, übermäßigen Risiken und letzthin auch dem Tod. Gleichzeitig muss sich der Unternehmer von der Angst befreien, indem er analytisch abwägt, was die aktuell beste Entscheidung ist. Positiv formuliert ist Angst also eine Schutzfunktion, die erst einsetzt, wenn sich Entscheidungen in Richtung einer Gefahr entwickeln.

Tatsachen werden subjektiv jedoch oft anders wahrgenommen oder gewichtet, als sie sich tatsächlich darstellen. Der französische Mathematiker Blaise Pascal (1623–1662) hat dies in seinen Gedanken einmal an folgendem Beispiel beschrieben: Über einer tiefen Schlucht liegt ein Brett. Nun muss man über dieses Brett gehen, um auf die andere Seite zu gelangen. Pascal beschreibt dann unterschiedliche Personengruppen, die die Gefahr beim Betreten jeweils anders bewerten. Die einen sehen ein schmales und dünnes Brett, sie fürchten den Wind und zweifeln ihre eigenen Gleichgewichtsfähigkeiten an – ergo wollen sie die

Q. Graf Adelmann und M. Rassinger, *Der unternehmerische Entscheidungsprozess,* essentials, https://doi.org/10.1007/978-3-658-33707-0_7

Schlucht nicht überqueren. Andere sehen ein breites und stabiles Brett, auf dem man die Schlucht selbst rückwärts und angetrunken leicht überwinden könnte. Tatsächlich handelt es sich aber um dasselbe Brett. Angst kann deshalb sowohl Schutz als auch Hindernis sein, um zu einem Ergebnis zu kommen. Sie kann den Weg auch verlangsamen, bis man zu einer Entscheidung bereit ist.

Von Unternehmern und leitenden Angestellten wird allerdings erwartet, dass sie Entscheidungen schnell, fundiert und im Sinne des Unternehmens treffen. Wenn nach bestem Wissen und Gewissen entschieden wird, sollte sich das Ergebnis in der Regel als positiv erweisen. Unvorhersehbare Ereignisse wie Covid-19 im Jahr 2020 können natürlich Entscheidungen ad absurdum führen bzw. eine Entscheidungskorrektur herausfordern. Das Positive an vielen unternehmerischen Entscheidungen ist aber die Tatsache, dass sie korrigiert oder sogar ungeschehen gemacht werden können.

## Praxisbeispiel Entscheidungsrevision

Beim bereits erwähnten Mobilitäts-Start-up citkar stellte sich heraus, dass sich die ursprünglich getroffene Entscheidung, die Personas vertriebsmäßig direkt anzusprechen, als nicht zielführend erwiesen hatte. Ein Netz nationaler Kooperationspartner, die sich um die Beratung, den Verkauf und den Service des in Berlin produzierten Nutzfahrzeugs kümmern, ist in der Realität der Schlüssel zum Kunden – was sich aber erst im Lauf der ersten Sales-Prozesse zeigte. Da jedoch Marketing und Vertrieb voll auf die Erststrategie ausgerichtet waren, musste die Kehrtwende gemacht werden. Hier galt es schnell zu handeln, um die für ein Start-up dringend notwendigen Verkäufe zu etablieren und nicht weiter Geld für Wartezeit zu verbrennen.

Die Angst vor dem Begräbnis einer über Monate durchdachten und theoretisch erprobten Verkaufsstrategie musste der Erkenntnis weichen, dass eine andere Strategie in der Realität besser funktionierte. Es ist zwar nicht auszuschließen, dass auch der Direktvertrieb funktionieren kann, im Sinne des Unternehmens müssen aber die Verantwortlichen in der Lage sein, eine einmal getroffene Entscheidung zu revidieren und an die Ist-Situation anzupassen. Entscheidungen über die Änderung verabschiedeter Entscheidungen fallen oft sehr schwer, da ein vom Team als gut beschiedener Pfad plötzlich verlassen wird. Eine Angst, die faktisch unbegründet ist, da sich der Pfad als nicht begehbar erwiesen hat. Ein neuer Pfad kann theoretisch genauso unpassend sein, die Wahrscheinlichkeit dafür ist aber deutlich geringer, weil bereits Fakten vorliegen, die das Umschwenken begründbar machen.◄

Trotz aller Daten und Fakten bleibt bei vielen Menschen, die Entscheidungen treffen müssen, ein bewusstes oder unbewusstes Angstgefühl bestehen, das die Entscheidungsfindung erschwert, verlangsamt, verunsachlicht oder sogar verhindert. Es macht deshalb Sinn, die menschliche Psyche näher zu betrachten, um verstehen zu können, warum Menschen Angst vor Entscheidungen haben.

## 7.1  Grundformen der Angst

Vor rund 60 Jahren schrieb der Psychoanalytiker Fritz Riemann seinen Bestseller „Grundformen der Angst" (Riemann 2019), der seit Jahrzehnten als Standardwerk gilt. In diesem Werk geht Riemann von vier Persönlichkeitstypen aus, die sich auf ihre Art und Weise in der menschlichen Beziehungswelt positionieren und spezifische Grundängste verkörpern. Da die Angst untrennbar mit einem Menschen verbunden ist und daher Entscheidungen beeinflusst, trifft sie auch für Unternehmer und leitende Angestellte zu, die täglich Entscheidungen zu treffen haben. Wir wollen keineswegs postulieren, dass Verantwortung tragende Menschen angstgetrieben handeln und entscheiden. Das Wissen um die Grundformen der Angst hilft aber dabei, Menschen und deren Entscheidungen – und damit auch sich selbst als Unternehmer – besser zu verstehen.

Riemann unterscheidet zwischen schizoiden, depressiven, zwanghaften und hysterischen Persönlichkeiten bzw. entsprechend motivierter Angstgetriebenheit. Was zunächst bedrohlich und in gewisser Weise „krank" klingt, ist lediglich der Fachsprache der Psychologie geschuldet. Skizziert man die vier Persönlichkeitstypen in kurzen Beschreibungen und ist man sich dessen bewusst, dass es sich um jeweils extreme Ausprägungen handelt, wird die Menschlichkeit der Eigenschaften schnell klar:

**Der schizoide Typ** möchte seiner persönlichen Freiheit nicht beraubt werden. Er geht deshalb lieber auf Abstand, gilt als freiheitsliebender Charakter, nutzt seinen Verstand, arbeitet faktenbasiert und verfügt in der Regel über hohe Fachkompetenz. Durch seine distanzierte Art und die Konzentration auf Daten und Fakten wirkt er gelegentlich überheblich.

**Der depressive Typ** dagegen braucht Ergänzung und kann mit individueller Freiheit wenig anfangen. Er sucht die Nähe zu anderen, strebt oft eine metaphysische Verschmelzung mit anderen Personen an, braucht die Gemeinschaft, ist harmoniebedürftig und sozialkompetent, wirkt aber von Gefühlen getrieben.

**Der zwanghafte Typ** benötigt Ordnung und Struktur. Er macht alles am liebsten so wie immer, scheut die Veränderung, sucht fortwährend Kontinuität, ist dafür verlässlich und fleißig und geht mit Vorsicht an Dinge heran. Veränderungen oder gar Innovation sind von ihm eher nicht zu erwarten, Pedanterie ist ihm zu eigen.

**Der hysterische Typ** ist das Gegenteil von Zwanghaftigkeit, denn er ist ständig mit Veränderung beschäftigt und ein innovativer Kopf. Die hohe Spontaneität und Begeisterungsfähigkeit erlauben ihm ein Feuerwerk an Ideen. Gleichzeitig ist er oft sprunghaft, bringt Dinge nicht zu Ende oder bricht sie ab, lässt andere seine Launen spüren und erscheint unzuverlässig und unkonzentriert.

Erkennen Sie sich ansatzweise oder sogar in größerem Umfang wieder? Keine Sorge, das ist normal. Die Riemann'schen Grundformen der Angst bieten eine breite Palette an Eigenschaften und Verhaltensweisen, von denen jeder Mensch in der Regel mehrere aufweist. Es sind per se keine negativen Eigenschaften, die hier geschildert werden. An der richtigen Position in Gesellschaft und Unternehmen können sich Menschen immer entfalten, da die spezifischen Ausprägungen ihres Typs (meist handelt es sich um Mischtypen) genau dort benötigt werden. Während beispielsweise ein hysterisch geprägter Typ im Controlling nicht gut aufgehoben ist, wird er im Business Development oder in der Innovationsabteilung gut einzusetzen sein. Ein schizoid geprägter Mensch hingegen kann ein brillanter Stratege sein, wird im engeren Kontakt auf sozialer Ebene aber weniger stark sein als der depressiv veranlagte Typ.

**Was hat es nun mit der Angst auf sich?**
Ganz einfach: Die geschilderten Verhaltensweisen und Eigenschaften der vier Typen sind das verinnerlichte Gegenmoment zur jeweiligen Angst. Anders formuliert: Was Menschen mit schizoiden, depressiven, zwanghaften und hysterischen Tendenzen ausdrücken, ist die Antwort auf die Bedrohung, die sie verspüren. Wer Nähe nicht abkann, sucht die Distanz und umgekehrt. Wer mit Veränderung nicht leben kann, sucht feste Strukturen und umgekehrt.

Wir alle haben Angst, egal ob wir Unternehmer sind oder nicht. Manche gehen aber besser mit der Angst um als andere. Deshalb hilft es, die eigene Persönlichkeit einschätzen zu können, um daran festzustellen, ob eine spezifische Ausprägung der Verwirklichung von Entscheidungen im Weg steht. Im Zitat zu Beginn dieses Kapitels bezeichnet Prentice Mulford (Mulford 2008) die Angst nicht weniger als die Unfähigkeit, unsere Gedanken zu kontrollieren. Wenn wir aber wissen, warum wir Angst haben, fällt es auch leichter, sie zu bewältigen.

Natürlich ist nicht jeder Mensch dazu bestimmt, Entscheidungen im unternehmerischen Sinne überhaupt treffen zu können. Als Unternehmensentscheider wird man durch die Erfolgsquote ein- oder aussortiert. Der erfolgreiche

Entscheider wird jedoch im Laufe der Zeit Sicherheit auf das Unternehmen und Kunden ausstrahlen.

## 7.2 Übertragung auf Unternehmer und leitende Angestellte

Zur Veranschaulichung der Grundformen der Angst hinsichtlich der Entscheidung eignet sich ein Praxisbeispiel aus dem zweiten Kapitel dieses Buches: die Therapie von Krebspatienten (Abschn. 2.4). Hier geht es um die Entscheidung, ob man an der etablierten Leitlinientherapie festhält oder sich auf neue Methoden der Tumortestung einlässt, bei der das optimal wirkende Krebsmedikament ermittelt werden kann.

Versetzen wir uns also in die Rolle eines Onkologen (meist ein selbständiger Unternehmer oder ein leitender Angestellter einer Klinik) und spielen diese Rolle aus den vier verschiedenen Perspektiven der Riemann'schen Persönlichkeitstypen mit ihren Grundängsten einmal durch. Das Gedankenspiel ist äußerst komplex und muss in diesem Essential stark vereinfacht werden. Wir nehmen deshalb an, dass bei unserem Onkologen eine eindeutige Tendenz zum jeweiligen Persönlichkeitstyp vorliegt.

▶ **Vorbemerkung** Ärzte stehen bei dieser Art von Entscheidung vor einem Dilemma. Sie bewegen sich bei Anwendung der Leitlinientherapie auf juristisch sicherem Boden, weil diese offiziell anerkannt ist und keinem Arzt zum Vorwurf gemacht werden kann, falls die Behandlung nicht erfolgreich ist oder der Patient sogar verstirbt. Erhält der Arzt jedoch den wissenschaftlichen Nachweis durch eine Tumortestung, dass die Leitlinientherapie nicht den gewünschten Erfolg bringen wird, fängt es an, kompliziert zu werden. Ein Arzt übernimmt bei einer anderen Therapie als nach Leitlinie die persönliche Verantwortung für das Ergebnis. Im Falle des Behandlungserfolgs ist das kein Problem, bei einem Misserfolg können aber sowohl Angehörige/Hinterbliebene als auch Standeskollegen gegen ihn vorgehen. Man muss sich also zugunsten des Onkologen im Beispiel immer vor Augen halten, dass die Entscheidung dramatische Auswirkung auf seine Reputation und seine Karriere haben kann – die Angstkomponente steigt.

**Entscheidungsszenarien**

Die **schizoide** Entscheidung: Der kompetente Arzt kennt den aktuellen Forschungsstand, ist mit Daten und Fakten versorgt, kann aber die Relevanz der personalisierten Krebstherapie noch nicht einschätzen. In einem möglichen Szenario setzt er sich als Entscheider über das neue Verfahren hinweg (zwanghafte Komponente, da man bisher immer so behandelt hat), in einem anderen Szenario nutzt er das neue Verfahren (hysterische Komponente, die Innovation überzeugt ihn).

Die **depressive** Entscheidung: Der Arzt vertraut auf sein Bauchgefühl und seine Intuition, führt Gespräche mit Patienten und den Menschen hinter dem neuen Verfahren, um eine Empfehlung abzugeben. Die Entscheidung fällt im Einklang mit seiner Intuition und der Hoffnung, die bestmögliche (sicherste) Wahl getroffen zu haben. Wir vermuten, dass solche Ärzte in der Minderzahl sind, weil Intuition in der Schulmedizin nicht gelehrt wird.

Die **zwanghafte** Entscheidung: Der Onkologe ist äußerst gewissenhaft und hat vielleicht gerade deshalb vergleichsweise große Erfolge bei seinen Patienten. Er achtet darauf, bewährte Methoden und Therapieansätze zu verfolgen, weil sie sich seiner Erfahrung nach bewährt haben. Seine Entscheidung wird sich tendenziell gegen ein neues Verfahren richten.

Die **hysterische** Entscheidung: Als Onkologe hat unser Arzt täglich mit verschiedenen Krebsarten zu tun, deren Bekämpfung ihn aufgrund der fixen und oftmals nicht erfolgreichen Leitlinientherapien frustriert und beinahe verzweifeln lässt. Als innovativer und begeisterungsfähiger Kopf wird er sich für die neue Methode entscheiden, um Daten und Erfahrungen zu sammeln, wie er seinen Patienten auf neuartige Art und Weise besser helfen kann.

Anhand dieses komplexen und extremen Gedankenspiels wird klar, dass Ängste eine große Rolle bei Entscheidungen spielen können. Der Arzt im Gedankenexperiment kann sich prinzipiell nur zwischen zwei Methoden entscheiden, sein Persönlichkeitstyp bzw. seine Angst wird aber die Entscheidung maßgeblich beeinflussen. Glücklicherweise muss der Großteil von Unternehmern und leitenden Angestellten keine Entscheidung über Leben und Tod treffen, sondern kompetent und faktenbasiert darüber befinden, wie sich ein Unternehmen wirtschaftlich, sozial und zukunftsfähig weiterentwickelt.

## 7.3 Mögliche Lösungsansätze

Man kann als Mensch schlecht aus seiner Haut. Es ist aber möglich, Entscheidungen zu treffen, die zunächst als unüberwindbare Hindernisse erscheinen – wenn man sich auf Fakten verlässt und die Angst überwindet. Wir empfehlen deshalb, sich bei wichtigen Entscheidungen folgende Fragen in dieser Reihenfolge zu stellen:

1. Liegen für die Entscheidungsfindung genügend belastbare Daten und Fakten vor?
2. Wurden genügend Szenarien für die Folgen der Entscheidung ermittelt?
3. Lässt sich eine Fehlentscheidung revidieren?
4. Hängt der eigene Job bzw. hängen andere Jobs *nicht* vom Ergebnis der Entscheidung ab?

Wenn Sie alle Fragen mit „ja" beantworten können, sind prinzipiell alle angstgetriebenen Komponenten der Entscheidung ausgeschaltet bzw. mit einem rationalen Gegenargument versehen, sodass Sie nach bestem Wissen und Gewissen entscheiden können. Taucht ein „nein" auf, sollten Sie entweder daran arbeiten, das „nein" in ein „ja" zu verwandeln, oder eine Gewichtung vornehmen, welchen Stellenwert das „nein" für Ihre Entscheidung einnimmt.

In jedem Fall muss gelten, dass Sie als Unternehmer oder leitender Angestellter eine Verantwortung haben und sich nicht verstecken können. Hinterfragen Sie bei einer schwierigen Entscheidung anhand der verschiedenen Persönlichkeitstypen, woran es liegen könnte, dass Sie sich beim Entscheiden schwertun. Letztendlich schließen Sie mit jeder Entscheidung eine Tür, öffnen aber eine neue. Vertrauen Sie deshalb auf Fakten und Ihre Intuition, die gleichbedeutend mit Erfahrung ist. Sie werden damit bei jeder Entscheidung besser.

## Literatur

Mulford P (2008) Thoughts are Things & God In You. Wilder Publications, Radford, Virginia
Riemann F (2019) Grundformen der Angst, 45. Auflage. Ernst Reinhardt Verlag, München

# Fazit 8

Der gute Entscheider nutzt seinen Verstand und grenzt sich damit vom gefühlsbetonten Denker ab, der diesen nur zur Rechtfertigung seiner Gefühlsentscheidung nutzt. Entscheidungen zu treffen bringt eine hohe Verantwortung für die Existenz von Mensch und Unternehmung mit sich. Die Konsequenz einer Entscheidung hält uns oft davon ab, eine solche überhaupt zu treffen. Sich methodisch zu disziplinieren und den Mut zu fassen, Entscheidungen zu treffen, ist die große Herausforderung der heutigen Gesellschaft, in der trotz Zugang zu Information und Erleichterung der Kommunikation die kulturellen Hürden für fokussierte Entscheider stetig zugenommen haben. Ängste können eine große Rolle bei Entscheidungen spielen, dürfen einem faktenbasierten Entschluss aber nicht im Weg stehen, sondern müssen analysiert und aufgelöst werden.

Entscheidungen zu treffen ist also gar nicht so schwer, wenn der Entscheider weiß, wie seine Strategie ist, welche Mittel er einsetzen muss, um diese Strategie zu befolgen, wenn er seine Zielkunden genau kennt und natürlich mutig und konsequent genug ist, um zu handeln.

Q. Graf Adelmann und M. Rassinger, *Der unternehmerische Entscheidungsprozess*,
essentials, https://doi.org/10.1007/978-3-658-33707-0_8

# Was Sie aus diesem *essential* mitnehmen können

- Entscheidungen müssen faktenbasiert getroffen werden
- Formal richtige Entscheidungsprozesse sind kein Garant für Erfolg
- Die richtigen Informationen sind essentiell für eine fundierte Entscheidung
- Angst kann Entscheidungen verlangsamen oder verhindern
- Erfahrung lässt Entscheidungen leichter werden

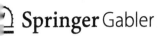
}essentials{

Michael Rassinger · Quirin Graf Adelmann

# Empfehlungsmarketing

Netzwerkaufbau und
Umsatzsteigerung leicht gemacht

 Springer Gabler

Printed in the United States
by Baker & Taylor Publisher Services